essentials

essentials liefern aktuelles Wissen in konzentrierter Form. Die Essenz dessen, worauf es als „State-of-the-Art" in der gegenwärtigen Fachdiskussion oder in der Praxis ankommt. essentials informieren schnell, unkompliziert und verständlich

- als Einführung in ein aktuelles Thema aus Ihrem Fachgebiet
- als Einstieg in ein für Sie noch unbekanntes Themenfeld
- als Einblick, um zum Thema mitreden zu können

Die Bücher in elektronischer und gedruckter Form bringen das Expertenwissen von Springer-Fachautoren kompakt zur Darstellung. Sie sind besonders für die Nutzung als eBook auf Tablet-PCs, eBook-Readern und Smartphones geeignet.

essentials: Wissensbausteine aus den Wirtschafts, Sozial- und Geisteswissenschaften, aus Technik und Naturwissenschaften sowie aus Medizin, Psychologie und Gesundheitsberufen. Von renommierten Autoren aller Springer-Verlagsmarken.

Christian Friege

Der Direktvertrieb in Mehrkanalstrategien

Eine Einführung mit Beispielen für die Umsetzung

Dr. Christian Friege
Stuttgart
Deutschland

ISSN 2197-6708 ISSN 2197-6716 (electronic)
essentials
ISBN 978-3-658-11558-6 ISBN 978-3-658-11559-3 (eBook)
DOI 10.1007/978-3-658-11559-3

Die Deutsche Nationalbibliothek verzeichnet diese Publikation in der Deutschen Nationalbibliografie; detaillierte bibliografische Daten sind im Internet über http://dnb.d-nb.de abrufbar.

Springer Gabler

Gedruckt auf säurefreiem und chlorfrei gebleichtem Papier

Springer Fachmedien Wiesbaden ist Teil der Fachverlagsgruppe Springer Science+Business Media
(www.springer.com)

Vorwort

Während in der Vergangenheit der Direktvertrieb üblicherweise als einziger Vertriebskanal etabliert war, hat die Entwicklung des Internets nun dazu geführt, dass klassische Direktvertriebe eine Mehrkanalstrategie verfolgen, die den Online-Vertrieb einschließt. Mindestens ebenso interessant ist aber auch, dass Unternehmen die Vorzüge der persönlichen Beratung im persönlichen Umfeld des Kunden in Ergänzung zu anderen Vertriebskanälen nutzen, auch als Ergänzung zum Internetvertrieb. Insofern kommt jetzt der Integration von Direktvertrieb in Mehrkanalstrategien eine zunehmende Bedeutung zu.

Dieses Essential soll einen ersten Einblick in die Chancen und Herausforderungen geben. Es ist auf der Basis meines sehr viel spezielleren Aufsatzes „Direktvertrieb für Erneuerbare Energieprodukte" in Herbes, C./ Friege, C. (Hrsg.): Vermarktung Erneuerbarer Energien (Springer Gabler 2015) entstanden, verallgemeinert und ergänzt diesen aber umfänglich.

Meinen Kollegen Prof. Dr. Carsten Herbes, Hochschule für Wirtschaft und Umwelt Nürtingen-Geislingen, und RA Jochen Clausnitzer, Geschäftsführer des Bundesverbandes Direktvertrieb Deutschland, bin ich für wertvolle Hinweise zu einem ersten Manuskriptentwurf sehr dankbar. Ebenso gilt mein Dank Manuela Eckstein, die einmal mehr die verlegerische Arbeit mit höchster Umsicht managte. Sollten sich trotz aller Unterstützung Fehler und Unzulänglichkeiten behauptet haben, sind diese ausschließlich mir zuzurechnen.

Stuttgart, im Mai 2015 Christian Friege

Was Sie in diesem Essential finden können

- Überblick zu den Erfolgsfaktoren des Direktvertriebs
- Checklisten zur Eignung von Produkten für den direkten Vertrieb
- Kriterien zur Beurteilung des Mehrkanalsystem-Potenzials von Produkten
- Chancen und Risken von Direktvertrieb in Mehrkanalstrategien
- Beispiele für gelungene Mehrkanal-Vertriebssysteme unter Nutzung des Direktvertriebs

Inhaltsverzeichnis

1 Einleitung

Die Ergebnisse einer repräsentativen Umfrage von TNS Infratest und Bundesverband Direktvertrieb Deutschland (BDD) aus dem Jahr 2012 waren schon ein wenig überraschend – wenn auch nur auf den ersten Blick: Konsumenten gehen davon aus, in der Zukunft mehr online, aber auch mehr im Direktvertrieb einzukaufen (BDD 2012). Überraschend, weil angesichts der rasanten Entwicklung im Internet der Direktvertrieb häufig als einer der Verlierer bei der Werbung um die Gunst der Kunden angesehen wurde; weniger erstaunlich allerdings, wenn man beobachtet, dass die Konsumenten sich eben auch nach Einkaufserlebnis, sozialen Kontakten und persönlichen Begegnungen sehnen. Der seit vielen Jahrzehnten führende Direktvertrieb der Staubsaugermarke Kobold von Vorwerk macht es dann auch vor: Die Zukunftsträchtigkeit beruht neben dem persönlichen Vertrieb eben auf „einem Online-Angebot und einer Einzelhandels-Präsenz in Großstädten wie zum Beispiel dem Vorwerk Flagshipstore in Hamburg“ (CdA 2014). Das Unternehmen betreibt bereits 34 Vorwerk-Stores in Deutschland und will die Zahl bis Ende 2016 auf 80 steigern (Terpitz 2015): Das traditionelle Direktvertriebsgeschäft wurde erfolgreich in ein Mehrkanalgeschäft überführt. Diese Entwicklung wirft für Unternehmen folgende Fragen auf:

a. Was kennzeichnet den Direktvertrieb im Hinblick auf seine Eignung in Mehrkanalstrategien?
b. Wie müssen die Grundlagen des Direktvertriebs ggfs. angepasst werden, um Mehrkanalfähigkeit herzustellen?
c. Welche Herausforderungen, Chancen und Risiken ergeben sich daraus – und wie können Mehrkanalstrategien mit dem Direktvertrieb umgesetzt werden?

C. Friege, *Der Direktvertrieb in Mehrkanalstrategien,* essentials,
DOI 10.1007/978-3-658-11559-3_1

Nachfolgend geht es darum, den Direktvertrieb als Vertriebskanal zu beschreiben (Kap. 2), die Potenziale ebenso wie die Chancen und Risiken von Direktvertrieb in Mehrkanalstrategien herauszuarbeiten (Kap. 3), und daran anschließend Umsetzungskonzepte darzustellen (Kap. 4).

Grundlegendes zum Direktvertrieb 2

2.1 Kennzeichnung

► „Direktvertrieb (ist) der persönliche Verkauf von Waren und Dienstleistungen an den Verbraucher außerhalb von Ladengeschäften oder anderen permanenten Vertriebsstellen." (Friege et al. 2013, S. 225)

Wie so oft wird dies kürzer und prägnanter im Englischen auf den Punkt gebracht: „Direct Selling is face-to-face selling away from a fixed retail location" (Peterson und Wotruba 1996, S. 2). Dabei ist insbesondere die Abgrenzung des Direktvertriebs zum Direktmarketing von Bedeutung. Direktmarketing ist „Distance-Selling": ein direkter und persönlicher Kundenkontakt findet nicht statt. Stattdessen nutzt das Direktmarketing Online-Shops, Telemarketing, Kataloge, Direct Response Advertising oder E-Mails etc., um Kunden anzuziehen und zu einem Kauf zu bewegen. Im Vergleich zum Direktmarketing ist der einzelne Kundenkontakt im Direktvertrieb relativ teuer. Daraus folgt, dass Direktvertrieb stets dann ein Erfolg versprechender Vertriebskanal ist, wenn die zu vertreibenden Produkte einen relativ hohen Einzelwert haben (z. B. Vorwerk Staubsauger) und dazu innovativ sind (z. B. Vorwerk Thermomix), wenn sie besonders erklärungsbedürftig sind (z. B. Vorzüge und Funktionen von Tupperware) oder in der häuslichen Umgebung besonders gut ausprobiert werden können (z. B. Kochprodukte von AMC oder The Pampered Chef, Kosmetikartikel von Avon, Mary Kay etc.).

Im Direktvertrieb können drei Vertriebsformen unterschieden werden (Engelhardt und Jaeger 1998, S. 19 ff.):

Vgl. zu diesen Grundlagen auch Friege et al. 2013 sowie Friege 2015.

C. Friege, *Der Direktvertrieb in Mehrkanalstrategien,* essentials,
DOI 10.1007/978-3-658-11559-3_2

a) der klassische Vertreterverkauf, bei dem entweder als einstufiges (kaltes) Haustürgeschäft ohne Voranmeldung der Erstkontakt an der Haustür zu Beratung und Produktverkauf genutzt wird (z. B. Stromvertrieb zahlreicher Anbieter), oder als zweistufiges Haustürgeschäft, bei dem vorab telefonisch Termine vereinbart werden (z. B. Weinvertrieb verschiedener Anbieter) oder bei dem das Produktangebot an Ständen auf öffentlichen Plätzen oder Verbrauchermessen gemacht wird.
b) der Heimdienst, bei dem aus dem Wagen heraus auf Vorbestellung oder spontan die Ware geliefert wird (z. B. eismann oder bofrost) und
c) die Heimvorführung (oft auch als Party-Plan bezeichnet), bei der ein Gastgeber dem Verkäufer die Gelegenheit gibt, einer Gruppe von Freunden/Bekannten die Produkte (unterhaltsam) vorzuführen (z. B. Tupper-Party).[1]

Dabei ist sicherzustellen, dass eine hinreichende Anzahl potenzieller Kunden von meist selbstständigen Vertriebspartnern auch in angemessener Zeit und zu angemessenen Kosten erreicht werden kann.

Jede der drei Vertriebsformen versucht idealerweise, wenn auch mit unterschiedlichen Schwerpunkten, gleichzeitig

a) das Produkt zu verkaufen,
b) neue Empfehlungen (Leads) für weitere Produktverkäufe zu erhalten und
c) auch neue Vertriebsmitarbeiter zu interessieren. Daraus entsteht eine hohe Wachstumskraft dieses Vertriebsweges, die relativ schnell und bei vergleichsweise geringen Investitionen und Risiken des anbietenden Unternehmens über mehrere Ebenen (Multi Level)[2] umsetzbar ist.

Das hohe Wachstumspotenzial bei geringen Risiken wird üblicherweise durch überdurchschnittliche Werbekosten für jeden Neukunden (Cost per Order (CPO)) erkauft sowie durch eine vergleichsweise instabile, weil aus selbstständigen und oft nur im Nebenerwerb arbeitenden Vertriebspartnern bestehende Vertriebsmannschaft. Dabei ist zu berücksichtigen, dass das gesamte Geschäftsmodell nicht wie üblich eine „Win-win"-Konstellation für Anbieter und Kunde erreichen muss, son-

[1] Zusätzlich wären Vorführungen am Arbeitsplatz zu ergänzen, die auch als Direktvertrieb gelten (vgl. dazu auch die Legaldefinition in Erwägungsgrund 5 der Verbraucherrechterichtlinie (2011/83/EU)).

[2] Als Multi Level Marketing (MLM) wird ein Direktvertriebssystem dann bezeichnet, wenn ein Verkäufer dauerhaft nicht nur von seinen eigenen Verkäufen profitiert, sondern auch von dem Umsatz der durch ihn für den Vertrieb geworbenen neuen Verkäufer, die er anlernt und motiviert, und meist auch vom Umsatz von Verkäufern, die wiederum durch die zuerst angeworbenen Verkäufer geworben werden – so entstehen Mehr-Ebenen-Strukturen, wobei häufig ein Provisionsanteil über mehrere Ebenen „nach oben" verdient werden kann.

dern eine „Win-win-win"-Konstellation, bei der neben Anbieter und Kunde auch der selbstständige Vertriebspartner langfristig Interesse an dem Geschäft hat. Eine zusätzliche Herausforderung ist die feine Balance, einerseits die Rekrutierung zusätzlicher Vertriebspartner über mehrere Ebenen des Vertriebs (MLM) zu belohnen, andererseits aber einen aktiven Vertrieb des eigentlichen Produkts stets im Vordergrund zu halten. Die Selbstbeschränkungen des Bundesverbandes Direktvertrieb Deutschland (BDD) in den Verhaltensstandards, die regelmäßig überarbeitet werden (BDD 2014a) und über deren Einhaltung eine Kontrollkommission wacht, haben sich hier als Richtschnur sehr bewährt.

Der Branchenverband BDD geht davon aus, dass das für die Jahre 2011 bis 2013 erhobene Wachstum von 12 % (BDD 2014b) und die vergleichbare Entwicklung im Jahr 2014 von +3,4 % (BDD 2015) ein klarer Indikator für die Zukunftsfähigkeit des Direktvertriebs als Vertriebskanal sind.

2.2 Direktvertriebskonzept

Entscheidend für die Gestaltung eines Direktvertriebs-Geschäftes ist die a) Vertriebsmethode, untrennbar verbunden mit b) dem Vergütungssystem und c) einem stringenten Schulungskonzept, die zusammen genommen das Direktvertriebskonzept umfassen.

In der *Vertriebsmethode* (*auch Vertriebskonzept i. e. S.*) wird umfassend beschrieben, mit welchen Verkaufsargumenten und -hilfen welche Produkte mit welchem Vertriebsziel im Direktvertrieb verkauft werden sollen (vgl. Abb. 2.1).

Einen Stromvertrag würde man nach der Struktur in Abb. 2.1 beispielsweise im *Vertreterverkauf (Haustürgeschäft)* mit *selbstständigen Handelsvertretern* vertreiben, man würde *ohne Terminvereinbarung* einzelne Straßen oder Stadtviertel bearbeiten und sich dabei je nach Verkaufsargumentation zunächst auf reichere/ärmere, dichter besiedelte oder solche mit Einfamilienhäusern etc. als *Selektionskriterien* beschränken. Der *Prozess* gestaltete sich von der Ansprache an der Haustür über das Beratungsgespräch in der Wohnung des Zielkunden bis hin zum Abschluss am Ende dieses Gesprächs. Die Vertriebsmethode gibt nun *Argumente* vor, zunächst das *Einverständnis zu einem Beratungsgespräch* zu erreichen und sodann den *Kunden zu überzeugen*. Möglicherweise würde den Vertriebspartnern dazu eine *Verkaufsbroschüre* an die Hand gegeben, in der die wichtigsten Argumente nochmals visualisiert sind. Zudem enthielte die Vertriebsmethode einen Prozess, *systematisch Empfehlungen für weitere Interessenten zu generieren,* und sie sähe vor, dass *die Kundenbetreuung ausschließlich zentral durch das Energieversorgungsunternehmen* erfolgte, zumal keine weiteren provisionspflichtigen Abschlüs-

Vertriebsmethode

1. **Welche Vertriebsform wird gewählt?**
   - Vertreterverkauf (Haustürgeschäft u.a.)
   - Heimdienst
   - Heimvorführung (Party-Plan)

2. **Welche Vertriebspartner sollen den Vertrieb übernehmen?**
   - Angestellte
   - Selbstständige (Handelsvertreter, Vertragshändler etc.)

3. **Wie werden mögliche Neukunden angesprochen?**
   - mit/ohne Terminvereinbarung
   - nach welchen Selektionskriterien

4. **Wie gestaltet sich der Prozess von der Ansprache zum Abschluss?**
   - Ansprache → Beratung → Abschluss
   - Verkaufsargumente in den einzelnen Prozess-Schritten
   - Verkaufshilfen, insbesondere für die Beratung
   - Incentives für den Kunden zum Abschluss
   - Strukturen und Prozesse für die Weiterempfehlung bzw. für einen nächsten Präsentationstermin
   - Prozesse für die Anwerbung weiterer Vertriebspartner

5. **Wie werden Bestandskunden betreut?**
   - zentral/dezentral
   - In welcher Höhe sind Umsätze mit Bestandskunden provisionspflichtig? Wer erhält diese Provision (Erstwerber, Verkäufer?)
   - Werden Bestandskunden bei einem Ausscheiden des Erstwerbers an andere Berater übertragen/verkauft?

Abb. 2.1 Vertriebsmethode. (Quelle: eigene Darstellung)

se zu erwarten wären. Die Vertriebsmethode würde diesen Rahmen nun in größerem Detail dokumentieren und stellt dann die Grundlage für den Direktvertrieb dar.

Das *Vergütungssystem* ist für die Steuerung der meist selbstständigen Vertriebspartner deswegen von entscheidender Bedeutung, weil hierdurch die Balance zwischen Produktvertrieb, Vertriebspartnerrekrutierung und ggf. dem Erreichen neuer Zieladressen austariert wird: Ist das Anwerben neuer Vertriebspartner finanziell sehr viel attraktiver als der Produktverkauf, werden die Vertriebspartner sich auch in erster Linie darauf konzentrieren und umgekehrt. Allerdings ist zu beachten, dass insbesondere bei Vertriebspartnern, die im Nebenerwerb tätig sind, die soziale

Vergütungssystem

1. **Grundleistung**
   - Ggf. Grundvergütung
   - Stückvergütung
   - Umsatzbezogene Vergütung
   - Marge bei Vertragshändlern
   - Punktesysteme
2. **Mengenkomponente**
   - Absatzbezogene Festvergütung
   - Mengenbezogene Zusatzvergütung
3. **Anwerbungsvergütung**
   - Interessenten
   - Neue Vertriebspartner im Geschäft
   - Downline-Provision
4. **Statusbezogene Komponenten (Anreiz- und Bindungswirkung)**
   - Titel/Karrierestufen
   - KfZ-Programm u.a.
   - Zusatzprovisionen
5. **Incentives**
   - Nicht im Vergütungssystem kodifizierte zeitlich beschränkte Vertriebsaktionen, die der Feinsteuerung des Vertriebs dienen
   - Monetäre/nicht-monetäre Incentives
   - Sichtbare (sozial wirkende) und nicht-sichtbare Incentives

Abb. 2.2 Vergütungssystem. (Quelle: eigene Darstellung)

Interaktion mit anderen Mitgliedern einer Vertriebseinheit von nicht zu unterschätzender Bedeutung für den Erfolg eines Direktvertriebsunternehmens ist und deshalb aktiv gemanagt werden muss.

Die einzelnen Elemente eines üblichen Vergütungssystems sind in Abb. 2.2 zusammengetragen. Bei der Grundleistung fällt meist eine Grundvergütung nur bei angestellten Vertriebsmitarbeitern an. Daneben sind entweder eine Stückvergütung (z. B. x € je abgeschlossenen Energieliefervertrag) oder eine umsatzbezogene Vergütung (z. B. y% vom Nettoumsatz ohne Versandkosten) bei Handelsvertretern, oder auch eine Marge bei Vertragshändlern üblich. Insgesamt können Vergütungssysteme direkt auf Umsatz oder Absatz bezogen werden oder die jeweiligen Einzelleistungen (einschließlich der Anwerbung neuer Vertriebspartner) in ein Punktesystem übersetzen, aus dem dann die Vertriebsvergütung abgeleitet wird. Der Nachteil eines solchen Systems ist die höhere Komplexität, der Vorteil die Integration aller Komponenten in eine „Währung“ und auch die Unabhängigkeit von Preis- und Produktänderungen, die jeweils bei ihrer Übersetzung in das Punktesystem neu bewertet werden können.

Für die Steuerung deutlich bedeutender als die Grundvergütung sind Zusatzvergütungen in Abhängigkeit von der verkauften Menge, meist als Monats-, seltener als Jahresprämien ausgestaltet. So kann man etwa die Auszahlung einer Kostenpauschale (etwa für Büroaufwendungen oder Kommunikationskosten) an einen Mindestumsatz je Monat knüpfen, insbesondere um auch einen Mindestabsatz pro Vertriebspartner zu belohnen. Nicht aus Vergütungsmodellen im Direktvertrieb wegzudenken sind mengenbezogene Zusatzvergütungen, die als Stufenvergütungen (z. B. je 50 geschlossene Verträge pro Monat wird eine Zusatzprovision von einmalig € 200,-- gezahlt), als Gesamtvergütungen (z. B. ab 50 geschlossene Verträge erhöht sich die in dem Monat gezahlte Provision je Vertrag um € 5,--) oder als Zusatzprovision (z. B. ab dem 51. geschlossenen Vertrag erhöht sich die Stückvergütung um € 5,-- je Vertrag) ausgezahlt werden kann. Ebenso kann ein Provisionssatz in Abhängigkeit von der verkauften Menge variiert werden bzw. die Marge eines Vertragshändlers.

Anwerbevergütungen können auch – je nach Vertriebsmethode – in unterschiedlicher Weise ausgestaltet werden. Ein Direktvertrieb, der vor allem Interessenten aus dem Kreis der Vertriebspartner genannt bekommen möchte, wird für jeden Interessenten einen kleineren Betrag ausloben[3]. Sieht die Vertriebsmethode vor, dass der anwerbende Vertriebspartner auch der ausbildende Vertriebspartner ist und langfristig eine Downline-Provision erreichen möchte, wird die Werbe- und Einarbeitungsvergütung vielleicht etwas höher ausfallen, aber erst nach dem ersten provisionspflichtigen Geschäft des Neuberaters fällig werden. Für die Downline-Provision, also den Anteil am Geschäft der geworbenen, nunmehr im Aufbau des Direktvertriebs nachgeordneten Berater, ist neben deren Höhe auch die Zahl der Ebenen festzulegen, an denen der ursprüngliche Werber partizipieren soll. Je größer die Anzahl der nachgeordneten Ebenen ist, an denen der Vertriebspartner

[3] Man muss dabei unbedingt vermeiden, dass man durch die Ausgestaltung der Vergütung für die Vertriebspartner in die Nähe eines „Schneeball- oder Pyramidensystems“ gerät, also eines Systems, das darauf beruht, dass immer mehr Menschen sich der Vertriebsorganisation anschließen und in dem der Produktverkauf nicht mehr im Vordergrund steht. Ein solches Schneeballsystem ist grundsätzlich illegal. Also wird man Incentives für die Anwerbung neuer Vertriebspartner – wenn man sie überhaupt in Erwägung zieht – so gestalten, dass der Betrag stets deutlich weniger ins Gewicht fällt, als die Vergütungen für Produktverkäufe, dass Bedingungen für die Produktivität im Produktverkauf des Geworbenen gestellt werden etc. Vertriebspartnerwerbung darf niemals als Selbstzweck erfolgen.

profitiert, umso höher ist die Gefahr, dass das Vertriebsgeschäft in ein nicht erstrebenswertes Anwerbegeschäft für neue Berater umschlägt und der Produktvertrieb ins Hintertreffen gerät.

Eine hohe Anreizwirkung für neue Vertriebspartner und eine hohe Bindungswirkung für erfolgreiche Vertriebspartner soll von den statusbezogenen Komponenten eines Vergütungssystems ausgehen. Dabei wird der Direktvertrieb eine Reihe unterschiedlicher Karrierestufen etablieren, die meist mit einem zunehmend attraktiveren Firmenfahrzeug und oft auch mit einer erhöhten (Downline-) Provision verbunden sind. Je mehr Stufen hier angekündigt werden, desto höher könnte die Anreizwirkung ausfallen, sollte man meinen. Es ist allerdings darauf zu achten, dass die höheren Karrierestufen noch erreichbar sind, dass die dann ausgelobten Provisionen noch profitabel darstellbar sind und dass der Grundanreiz „Vertriebsleistung gegen Einkommen" auf allen Ebenen noch bestehen bleibt.

Schließlich kommt Incentives, die im Gegensatz zu allen übrigen Einkommensbestandteilen nicht vertraglich vereinbart werden, eine große Bedeutung zu. Vor allem lässt sich über Wettbewerbe eine unterjährige Feinjustierung der Vertriebsleistung erreichen: Lahmt der Vertrieb in einer Region, findet dort der Wettbewerb statt; fehlt es am Absatz einer bestimmten Produktgruppe, kann diese ebenso belohnt werden wie auch die Anwerbung neuer Berater oder eine besonders hohe Anzahl an Terminvereinbarungen (die dann auch stattfinden müssen) etc. Daneben haben diese Incentives, insbesondere sichtbare, nicht-monetäre Incentives ähnlich wie die Statusanreize, vor allem eine soziale Funktion. Die Teilnahme an Incentive-Reisen oder an dem alljährlichen „Ball der Besten" stellt eine sichtbare Auszeichnung dar, die ein Vertriebspartner auch im Folgejahr wieder erreichen möchte und um den weniger erfolgreiche Vertriebspartner sie oder ihn sicherlich beneiden. Mit dieser „sozialen Währung" kann man – insbesondere bei Teilzeitorganisationen – sehr viel Motivation und Identifikation erreichen.

Ohne *Schulungen* sind diese Mechaniken des Direktvertriebs nicht wirksam und meist gar nicht umsetzbar. Insofern ist es für den Erfolg eines jeden neuen Vertriebspartners – und damit des gesamten Vertriebswegs – entscheidend, dass sowohl die Vertriebsmethode als auch das Vergütungssystem verstanden werden, um diese Steuerungswirkung realisieren zu können. Neben nachvollziehbaren Konzepten ist dafür eine fokussierte Ausbildung notwendig (vgl. Abb. 2.3).

In einem ersten Ausbildungsschritt wird der neue Vertriebspartner innerhalb von 30 Tagen in die Lage versetzt, eigenständig Verkaufsabschlüsse zu erzielen. Die Monatsfrist hat sich in der Praxis bewährt, weil sie einerseits genügend Zeit einräumt, wesentliche Grundlagen zu vermitteln, und andererseits dem neuen Vertriebspartner die Möglichkeit gewährt, hinreichend zeitnah Provisionseinnahmen zu generieren. Innerhalb der 30 Tage werden dem neuen Vertriebspartner die

Schulungskonzept

1. **30-Tage-Schulung**
    - Produktschulung
    - Vertriebsschulung (Vertriebsmethode)
    - Vergütungssystem
    - Praktische Ausbildung
    - Soziale Integration
2. **90-Tage-Schulung**
    - Vertiefende Produktschulung
    - Identifikation mit dem Unternehmen
    - Verbesserungspotenziale erkennen und umsetzen
3. **Kontinuierliche Ausbildung**
    - Online
    - Regelmäßige Treffen
    - Highlight-Veranstaltungen
4. **Motivation**
    - Soziale Kohäsion
    - Status
    - Incentives
    - Highlight-Veranstaltungen

Abb. 2.3 Schulungskonzept. (Quelle: eigene Darstellung)

wichtigsten Produkte mit ihren Vorzügen und Verkaufsargumenten beigebracht, die Vertriebsmethode vorgestellt und eingeübt und das Vergütungssystem erläutert. Besonders wichtig ist das „Mitgehen" mit einem erfahrenen Berater, um dessen Vorgehensweise kennenzulernen und ggf. kopieren zu können. Wichtig ist auch eine schnelle Integration in das bestehende Vertriebspartner-Team, damit die soziale Komponente des Direktvertriebs wirksam werden kann.

Haben derart in 30 Tagen ausgebildete Vertriebspartner den ersten eigenen Umsatz geschrieben, dann werden sie in den darauf folgenden 90 Tagen vertieft ausgebildet. Neben weiterer Produktschulung geht es nun insbesondere um eine möglichst hohe Identifikation mit dem Unternehmen und dessen Produktangeboten und um das Ausräumen von potenziellen Abschlusshemmungen. Letzteres wird weiterhin eine enge persönliche Betreuung durch den Ausbilder bzw. direkten Betreuer des neuen Vertriebspartners erfordern.

Unabhängig von der Dauer der Zusammenarbeit hat ein Direktvertriebsunternehmen regelmäßig Anlass, den Kontakt mit den Vertriebspartnern zu suchen. Viele Aspekte von Neuprodukteinführungen, Vertiefung der Produktkenntnisse und das Erlernen von Verkaufsargumenten können heute bereits durch Online-Tutorials abgedeckt werden. Trotzdem kommt regelmäßigen persönlichen Treffen eine wichtige Bedeutung zu. Dabei können aktuelle Informationen aus den Vertriebsregionen zusammengetragen, Erfahrungen ausgetauscht und auch die Motivation verbessert werden – unabhängig davon, ob es für den einzelnen nicht so gut läuft („geteiltes Leid ist halbes Leid") oder die guten Ergebnisse einen Ansporn zur eigenen guten Leistung darstellen, insbesondere, wenn man von den Erfahrungen der anderen Vertriebspartner profitieren kann.

Wichtig sowohl für die kontinuierliche Ausbildung als auch für die Motivation sind neben den regelmäßigen Treffen auch Highlight-Veranstaltungen, etwa der „traditionelle Jahres-Kick-Off" in den ersten Januartagen oder die Rundreise des CEO in alle Vertriebsgebiete: Immer werden hier Informationen und Ansporn zu höheren Vertriebsleistungen ineinander greifen.

Daneben wird Motivation gezielt durch die soziale Kohäsion in den einzelnen Vertriebsteams und auf den unterschiedlichen Hierarchiestufen erzeugt sowie durch die Elemente „Status" und „Incentives", die bereits im Vergütungssystem eine Rolle spielten.

▶ Insgesamt bleibt festzuhalten: Je „konzepttreuer" nach diesem Vertriebskonzept gehandelt wird, umso einfacher ist die Führung der Vertriebsorganisation, insbesondere, wenn neue Produkte oder Vorteilsargumente eingeführt werden sollen, vor allem aber, wenn es darum geht, Wachstum zu managen.

2.3 Vertriebszyklus

Im Wesentlichen funktioniert Direktvertrieb in drei Schritten, die aufeinander aufbauen und zyklisch zu erheblichem Wachstum führen können (vgl. zu den folgenden Ausführungen Friege et al. 2013, S. 226 sowie Abb. 2.4):

- **Lead-Generierung:** Wie kann ein erfolgreicher Verkaufsabschluss durch eine Weiterempfehlung zum nächsten Abschluss führen? Wer kann als nächster potenzieller Käufer adressiert werden? Die Lead-Generierung ist unmittelbares Element des Vertriebszyklus. „Wenn nach jeder Party im Durchschnitt nur 1,1 weitere Partys stattfinden, oder wenn jeder Kunde nur 1,1 neue Kunden empfiehlt, führt allein dies zu erheblichem Wachstum im Vertriebszyklus. Damit ist

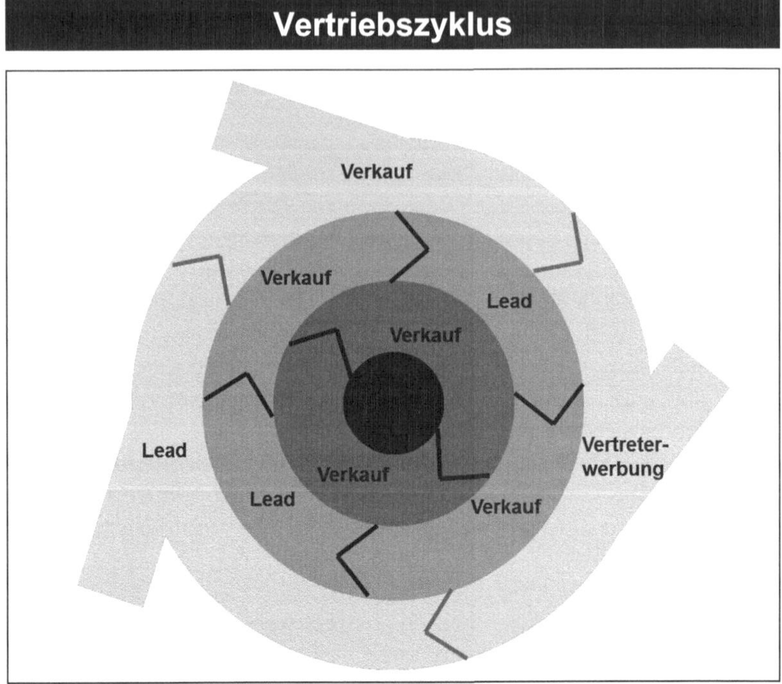

Abb. 2.4 Vertriebszyklus. (Quelle: Friege et al. 2013, S. 226)

die Leadgenerierung je Verkaufsgespräch der erste Erfolgsfaktor im Direktvertrieb." (Friege et al. 2013, S. 226)

- **Verkauf:** Zum Verkauf gehören im Direktvertrieb immer die Produktpräsentation/Kundenberatung sowie der Verkaufsabschluss. Es werden vor allem erklärungsbedürftige Produkte vertrieben, die vorgeführt werden können, deren Verkaufsargumente umfassend erläutert werden können und die der Kunde in einem gewohnten Umfeld ausprobieren kann. Für den Erfolg im Direktvertrieb ist offensichtlich die Abschlussquote von besonderer Bedeutung, also das Verhältnis zwischen Verkaufsgesprächen und -abschlüssen.
- **Vertriebspartnerwerbung:** Im Direktvertrieb ist eine hohe Fluktuation der Vertriebspartner zu beobachten (vgl. Peterson und Wotruba 1996, S. 12). Vor diesem Hintergrund ist neben den Anstrengungen zur Bindung der aktiven die Anwerbung neuer Vertriebspartner für den Geschäftsverlauf mit entscheidend. Wirbt das Unternehmen bei gleichem durchschnittlichem Umsatz je Vertriebspartner bestandserhaltend, sichert dies auch einen Umsatz auf Vorjahresniveau.

Will das Unternehmen wachsen, wird dies letztlich nur über einen Zuwachs an Vertriebspartnern nachhaltig möglich sein, insbesondere, wenn man berücksichtigt, dass jeder Vertriebspartner auch neue Vertriebspartner anwerben kann. Dies unterstreicht das Potenzial der Vertriebspartnerwerbung eindrucksvoll.[4] Neben der Generierung von Weiterempfehlungen/Leads und den Verkaufsabschlüssen ist also die Anwerbung von Vertriebspartnern der dritte Erfolgsfaktor im Direktvertrieb.

Aus diesen drei Erfolgsfaktoren ergeben sich unterschiedliche, in der Praxis beobachtbare Kombinationen. Das größte Wachstum wird generiert, wenn Leads und Weiterempfehlungen zu Verkaufsabschlüssen und zur Anwerbung neuer Vertriebspartner führen, insbesondere, wenn mehr als 1,0 Leads aus den Abschlüssen folgen (vgl. der äußere Zyklus in Abb. 2.4). Meist wird das Geschäft jedoch lediglich aus der Abfolge Verkauf – Lead – Verkauf – Lead betrieben (vgl. mittlerer Zyklus in Abb. 2.4), auch deshalb, weil der Anreiz für die Vertriebspartner, neue Kollegen ins Geschäft zu bringen, zu gering ist oder sie die Konkurrenz weiterer Vertriebspartner in derselben Gegend fürchten. Und in reifen Direktvertrieben und solchen mit Verbrauchsprodukten, die eine hohe Wiederkaufrate aufweisen, lässt sich leider oft beobachten, dass die Vertriebspartner sich damit begnügen, die bestehenden Kunden zu beliefern (vgl. innerer Zyklus in Abb. 2.4). In der Konsequenz führt dies dann regelmäßig zu sinkenden Umsätzen, weil weder die Abwanderung von Vertriebspartnern noch Kundenfluktuation durch neues Geschäft ausgeglichen werden.

Darüber hinaus besteht die Gelegenheit, zusätzliches Wachstum zu erzeugen (vgl. Zuflüsse im äußeren Vertriebszyklus in Abb. 2.4). Dazu kaufen Direktvertriebe zusätzliche Leads durch Adresserwerb, Telefonmarketing oder Online ein. Folglich entsteht die größte Wachstumsdynamik dann im äußeren Vertriebszyklus, „wenn die zyklischen Möglichkeiten, das Geschäft auszuweiten, systematisch genutzt werden und zusätzlich externe Gelegenheiten aufgebaut und wahrgenommen werden“ (Friege et al. 2013, S. 226).

[4] Natürlich führt bei gleichbleibender Vertriebspartneranzahl auch der Umsatzzuwachs jedes einzelnen Vertriebspartners insgesamt zu Wachstum. Dabei ist aber das Potenzial begrenzt, insbesondere, wenn eine höhere Ausschöpfung bestehender Kundenbeziehungen und keine Neukundenwerbung erfolgt (vgl. die Erläuterungen zum inneren Zyklus in Abb. 2.4).

2.4 Vertriebs-Management

Für die erfolgreiche Führung eines Direktvertriebs sind a) finanzielle und nichtfinanzielle Kennzahlen notwendig (Controlling). Daneben gewinnt in letzter Zeit b) das CRM-System zunehmend an Bedeutung. Entscheidend ist aber nach wie vor c) die persönliche Führung der Vertriebsorganisation.

Für das *Controlling* ist neben finanziellen Kennzahlen auch eine Reihe von Vertriebskennzahlen von Interesse (vgl. Abb. 2.5). Diese liefern die notwendige Transparenz für die Führung des Direktvertriebs. In Abb. 2.5 stellt die Kennzahl 1 das Verhältnis zwischen Vertriebsgelegenheiten (Empfehlungen, Türkontakte, Partybuchungen etc.) und realisierten Verkaufsgesprächen (auch Partys, Tischgespräche im Türvertrieb etc.) dar. Durch die Kennzahl 2 wird die wichtige Generierung neu-

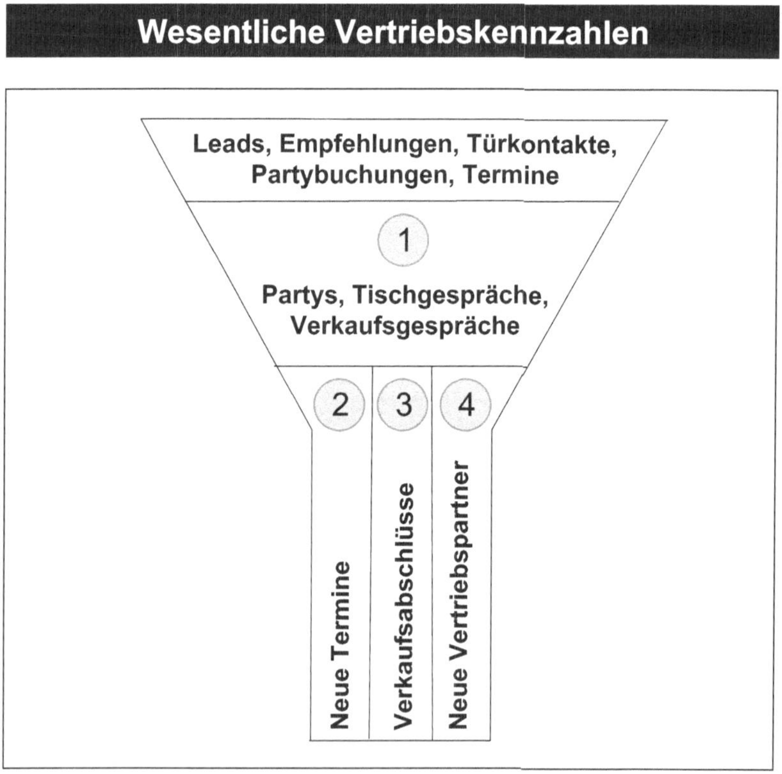

Abb. 2.5 Wesentliche Vertriebskennzahlen. (Quelle: eigene Darstellung)

er Vertriebsgelegenheiten aus dem Verkaufsgespräch erhoben. Die Kennzahl 3 repräsentiert das Verhältnis zwischen Vertriebsgelegenheiten und Verkaufsabschlüssen und in der Kennzahl 4 wird die Anzahl der neu geworbenen Vertriebspartner im Verhältnis zu den Verkaufsgesprächen dokumentiert. Mit diesen vier grundlegenden Kennzahlen lassen sich die wesentlichen Erfolgstreiber des Direktvertriebs erkennen. Allerdings: „Bei einer großen Zahl selbständiger [Vertriebspartner] ist die Datenerhebung eine besondere Herausforderung." (Friege et al. 2013, S. 227).

Daneben werden selbstverständlich auch finanzielle Größen im Controlling analysiert, wie etwa Umsatz, Deckungsbeitrag etc. Diese Analysen unterscheiden sich aber nicht so grundlegend von vielen anderen Geschäften wie die in der Abb. 2.5. dargestellten spezifischen Kennzahlen.

Aus verschiedenen Gründen steigt die Bedeutung, ein umfassendes *CRM-System* in den Direktvertrieb zu integrieren. Zu diesen Gründen gehören:

- das Bestreben vieler Direktvertriebsunternehmen, einmal aufgebaute (und den Vertriebspartnern vergütete) Kundenbeziehungen nicht brachliegen zu lassen, wenn der Vertriebspartner nicht mehr für das Unternehmen tätig ist[5];
- die Chancen, die eine gezielte Steuerung von Produkten und Angeboten in der direkten Kundenbetreuung und auch in der Onlinewerbung in den Kundenstamm mit sich bringen;
- die Möglichkeiten, detaillierte Analysen für eine Optimierung von Preis- und Produktangeboten zu erstellen;
- die automatisierte Betreuung des Kundenstamms aus der Zentrale im Namen und für die Rechnung der aktiven Vertriebspartner etc.

Allerdings haben viele etablierte Direktvertriebsunternehmen bislang kein CRM-System implementiert – und kennen vielfach nicht einmal den Endkunden der vertriebenen Produkte.

Entscheidend für den Erfolg im Direktvertrieb ist sicherlich die *persönliche Führung der Vertriebspartner*. Hier geht es wie in jeder Führungssituation um Motivation, Zielvereinbarung, Lob und Kritik etc. Anders aber, als das in den meisten Führungssituationen der Fall ist, muss bei der Führung von Vertriebspartnern bedacht werden, dass diese selbstständig sind, dass sie weit mehr von den Erfolgen profitieren und unter ausbleibenden Umsätzen stärker leiden als angestellte Mitarbeiter, insbesondere, wenn die Vertriebspartner überwiegend oder ganz für das Direktvertriebsunternehmen tätig sind. Vertriebspartner „bei der Stange zu halten",

---

[5] Dieser Hinweis bezieht sich in erster Linie auf das Handelsvertretermodell, bei dem der Handelsvertreter für fremde Rechnung Abschlüsse vermittelt. Bei dem ebenfalls verbreiteten Vertragshändlermodell kauft und verkauft der Vertragshändler auf eigene Rechnung, sodass eine Erfassung der Endkundendaten nicht erfolgt und diese Kundenbeziehungen mit dem Ausscheiden des Vertriebspartners ebenfalls verloren gehen.

sie in ihren Talenten weiter zu fördern, sie zu motivieren, sich die Ziele der Organisation zu eigen zu machen, sie aufrichten, wenn es einmal nicht so gut läuft, und ihnen zeigen, wie es besser geht – das alles sind essenzielle Aufgaben in der Führung eines Direktvertriebs. Und ganz wichtig bleibt, sich die besondere Situation selbstständiger Vertriebsmitarbeiter stets vor Augen zu führen.

2.5 Eignung von Produkten für den Direktvertrieb

Für welche Produkte ist nun der Direktvertrieb geeignet (vgl. Tab. 2.1)? Zunächst einmal muss das Produkt *erklärungsbedürftig* sein. Fehlt diese Eigenschaft oder ist sie durch nachvollziehbare Erläuterungen online zu ersetzen, erschließt sich der Mehrwert einer persönlichen Beratung sehr viel schwerer. Die Erklärungsbedürftigkeit kann aus der Innovation von Produkten herrühren (z. B. verfügen die Produkte von Tupperware immer wieder über solche innovativen Eigenschaften), kann in einer besonderen Rezeptur bei eigentlich als FMCG[6] verkäuflichen Produkten verwurzelt sein (z. B. sind Wasch- und Reinigungsmittel der Firma HAKA besonders haut- und umweltfreundlich und so etwa vielfach für Allergiker geeignet), kann dem mangelnden Interesse der Kunden bei Low-Involvement-Produkten entspringen (z. B. sind Ökostromprodukte jahrelang erfolgreich im Direktvertrieb verkauft worden, weil die Kunden sich nicht mit den unterschiedlichen Stromprodukten auseinandergesetzt haben) oder mit dem Produktverkauf ist eine Anwendungsberatung verbunden (z. B. bei Kosmetik-Vertrieben wie Mary Kay oder Avon).

Daneben sollte das Produkt idealer Weise *vorgeführt* werden können (z. B. der Vorwerk-Staubsauger Kobold), um den Kunden die Produktvorteile unmittelbar zeigen zu können. Häufig lassen sich allerdings Vorführungen auch durch geeignete Verkaufshilfen ersetzen, etwa durch Statistiken und andere grafisch aufbereitete Argumentationen. Der Grund für diese Anforderung ist weniger im Produkt selbst zu suchen, sondern es geht darum, die Verkaufsargumentation möglichst plastisch darzustellen. Für Heimvorführungen (Party-Plan) ist die Vorführbarkeit nicht ersetzbar, da ohne diese die Verkaufsparty zu sehr an Überzeugungs- und damit an Vertriebskraft einbüßen würde.

Die Preisgestaltung erfordert unbedingt die Umsetzung einer „*Win-win-win*"-*Konstellation*. Die Kalkulation muss also einen attraktiven Preis für den Kunden ermöglichen und gleichzeitig eine angemessene Provision für einen selbststän-

[6] FMCG steht für „Fast Moving Consumer Goods", also solche Produkte, die fertig verpackt aus dem Supermarktregal heraus verkäuflich sind.

Tab. 2.1 Checkliste für den erfolgreichen Direktvertrieb. (Quelle: in Anlehnung an Friege (2015))

	Ist ein Produkt für den Direktvertrieb geeignet?	√
1.	Das Produkt ist erklärungsbedürftig	
2.	Das Produkt kann vorgeführt werden – oder eine fehlende Vorführbarkeit kann durch Verkaufshilfen behoben werden	
3.	Die Preisgestaltung des Produkts (einmalig oder als Dauerschuldverhältnis) erlaubt angemessene Provisionszahlung und damit eine „Win-win-win"-Konstellation	
4.	Die Dichte der potenziellen Kunden erlaubt personengestützten Vertrieb	
5.	Das Produkt kann emotionalisiert werden	

digen Vertriebspartner sowie einen Unternehmergewinn vorsehen können. Dies wird grundsätzlich nur bei Dauerschuldverhältnissen (z. B. Strom-/Gasbezug, der dauerhaft monatlich durch einen Abschlag bezahlt wird, oder bei Versicherungen) bzw. bei teuren Gebrauchsgütern der Fall sein. Daneben sind für den Direktvertrieb Verbrauchsgüter dann geeignet, wenn sie über eine hinreichende Marge verfügen, häufiger nachgekauft werden und meist bei Heimvorführungen angeboten werden (wo mehrere Interessenten gleichzeitig angesprochen werden können).

Das Produkt ist so beschaffen, dass es eine hinreichende *Dichte von potenziellen Käufern* gibt. Für den Direktvertrieb ist immer auch wichtig, dass das Verhältnis zwischen Wegezeiten und -kosten und Verkaufsgelegenheiten für den Vertriebspartner attraktiv ist. So ist im Vertretervertrieb von Strom- und Gasverträgen jede Haustür ein möglicher Kunde – Wegezeiten werden minimiert. Der Heimdienst für Getränke oder Tiefkühlkost funktioniert nur solange, wie eine ausreichende Kundendichte den Verkaufsfahrer profitabel arbeiten lässt.

Schließlich ist es ganz wesentlich für das Verkaufsgespräch, dass das Produkt *emotionalisiert* werden kann. Nicht ohne Grund gehören Schmuck- und Kosmetikartikel zu den erfolgreichen Direktvertriebsprodukten, und selbst Reinigungsmittel kann man in einer Vorführung so mit Gefühlen und Überzeugungen verbinden, dass sie deutlich besser verkauft werden können als mit rein rationaler Begründung.

Direktvertrieb als Element von Mehrkanalstrategien 3

Eine Erhebung der Universität Mannheim (2014) dokumentiert, dass immerhin 45 % der befragten Direktvertriebsunternehmen angeben, einen Online-Shop, und 22 %, einen Flagship-Store zu betreiben. Deswegen kann davon ausgegangen werden, dass Multikanalvertrieb auch für Direktvertriebsunternehmen von Bedeutung ist.

Dabei verstehen wir unter Mehrkanal- bzw. Multikanalvertrieb:

► „Mehrkanalsysteme sind eine Kombination mehrerer Absatzkanäle durch einen [Anbieter]. In der Distribution werden gleichzeitig unterschiedliche Kanäle eingesetzt, verschiedene Absatzmittler angesprochen und Kooperationen eingegangen, oder der Hersteller tritt direkt an den Endkunden heran." (Schögel 2012, S. 391 m. w. V.)

Zu den Vertriebskanälen gehören die etablierten Kanäle wie der stationäre Einzelhandel, der Online-Vertrieb oder auch der Direktvertrieb und das Direktmarketing. Weniger etabliert sind Kanäle wie TV-Shopping oder Online-Auktionen etc. Letztere mögen für einzelne Unternehmen größere Bedeutung haben, gesamtwirtschaftlich machen Sie jedoch nur einen kleinen Anteil aus, könnten in Zukunft aber überproportional wachsen (Schögel et al. 2004, S. 4 f.).

3.1 Chancen und Risiken von Direktvertrieb in Mehrkanalstrategien

Die besonderen Herausforderungen, die die Integration von Direktvertrieb in eine Mehrkanalstrategie mit sich bringt, werden allerdings in der Literatur nicht diskutiert. Wohl aber sind Chancen und Risiken, eine Multikanal-Vertriebsstrategie

C. Friege, *Der Direktvertrieb in Mehrkanalstrategien,* essentials,
DOI 10.1007/978-3-658-11559-3_3

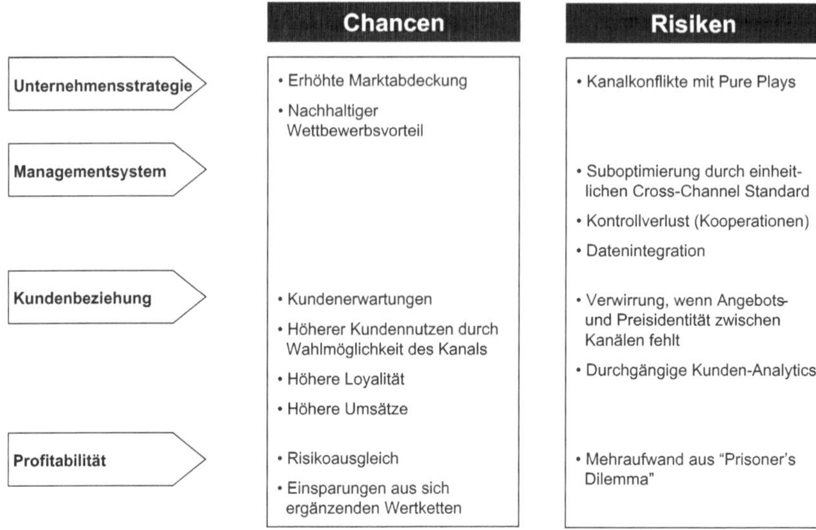

Abb. 3.1 Chancen und Risiken von Mehrkanalstrategien. (Quelle: Friege (2015) unter Rückgriff auf Neslin und Shankar (2009); Schögel und Binder (2011); Schögel et al. (2011); Zhang et al. (2010))

zu verfolgen, im Allgemeinen Gegenstand vielfältiger Untersuchungen (vgl. Abb. 3.1).

Strategisch betrachtet stellt eine Multikanalstrategie für das Unternehmen eine Chance dar, eine höhere Marktabdeckung zu erreichen (Zhang et al. 2010; Schögel und Binder 2011). Gleichzeitig besteht allerdings das Risiko, in zusätzlichen Kanälen denjenigen Unternehmen, die ausschließlich dort tätig sind („Pure Plays"), unterlegen zu sein (Schögel und Binder 2011, S. 184). So hat beispielsweise keiner der Online-Shops stationärer Buchhändler jemals das Angebot von Amazon wirklich übertreffen können. Ob eine Multikanalstrategie in jedem Falle einen Wettbewerbsvorteil darstellt, ist nicht eindeutig zu beantworten; das Potenzial eines dauerhaften Wettbewerbsvorteils (Neslin und Shankar 2009, S. 73) besteht allerdings. Das gilt insbesondere dann, wenn man die breite Ausdifferenzierung des Kaufverhaltens unterstellt, die zunehmend beobachtet wird: Informationsbeschaffung, Beratung, Abschluss, Bedürfnis nach sozialer Interaktion, Kommunikation mit dem Verkäufer – dies findet mehr und mehr in unterschiedlichen Kanälen statt und bringt damit einem in mehreren Kanälen tätigen Unternehmen zusätzliche Interaktions- und damit Absatzchancen. Zhang et al. (2010, S. 169 f.) sehen vor allem diese drei Potenziale für Unternehmenserfolg in Multikanalstrategien: 1) Zugang zu neuen Märkten, die mit den bestehenden Vertriebskanälen nicht erreicht werden können, 2) Zunahme der Kundenbindung und 3) strategische Wettbewerbsvorteile, die von Mitbewerbern nicht einfach kopiert werden können, aus dem Auf- bzw. Ausbau der Kundendatenbank sowie den Prozessen, mit denen Multikanalstrategien integriert betrieben werden können.

Multikanalstrategien sind für das Managementsystem eine Herausforderung. Einerseits, weil die Gefahr besteht, um eines einheitlichen Angebots an den Kunden willen in allen Kanälen ein einheitliches, aber suboptimales Angebot zu etablieren (Schögel und Binder 2011, S. 184). Andererseits besteht das Risiko, neue Kanäle gemeinsam mit Kooperationspartnern zu betreiben, was zu einem Kontrollverlust in diesen Kanälen führen kann (Schögel und Binder 2011). Und schließlich bleibt die Herausforderung, über viele unterschiedliche Kanäle ein einheitliches Datenmanagement zu erreichen, was insbesondere für Kundendaten gilt, die in unterschiedlichen Kanälen anfallen (Zhang et al. 2010, S. 172).

In Bezug auf die Kundenbeziehung gilt zunächst einmal, dass eine Multikanalstrategie – zumindest insoweit, als sie die Einbeziehung umfassender Online- und Social Media-Abdeckung betrifft – heute von vielen Kunden erwartet wird, auch, aber nicht nur, weil die freie Wahlmöglichkeit zwischen den Kanälen einen Kundennutzenaspekt darstellt (z. B. Schögel et al. 2011, S. 565 f.). Ganz wichtig ist aber auch, dass Mehrkanalstrategien zu höherer Kundenloyalität und auch zu höheren Kundenumsätzen führen (Neslin und Shankar 2009, S. 72 m. w. V.). Solche Chancen werden gemindert, wenn es nicht gelingt, ein für jeden Kunden einheitliches und konfliktfreies Angebot unabhängig vom gewählten Kanal vorzuhalten (Schögel und Binder 2011), wozu wiederum die Kundendatenanalyse durchgängig sein muss (Zhang et al. 2010).

Dies alles soll zu höherer Profitabilität führen (z. B. Zhang et al. 2010). Dabei kommen zu den vorher dargestellten Umsatzeffekten aus Loyalität und Mehrverkauf an den einzelnen Mehrkanalkunden auch Effekte aus dem Risikoausgleich zwischen den einzelnen Kanälen (Schögel und Binder 2011) sowie aus Kostensenkungspotenzialen, wenn die Wertketten der einzelnen Kanäle einander ergänzen (Schögel und Binder 2011, S. 183). Entscheidend für die Profitabilität ist allerdings, ob das Unternehmen allein durch das Handeln des Wettbewerbs in die zusätzlichen Kanäle gezwungen wurde und letztlich kein nachhaltiger Wettbewerbsvorteil etabliert werden kann („Prisoner's Dilemma"; Neslin und Shankar 2009, S. 73).

Neben den in Abb. 3.1 zusammengefassten Chancen und Risiken einer Multikanalstrategie im Allgemeinen, sind einige Sondereffekte für den Direktvertrieb zusätzlich zu berücksichtigen, sowohl für den Fall, dass ein etabliertes Direktvertriebsunternehmen in weitere Kanäle expandiert, als auch für den Fall, dass ein in

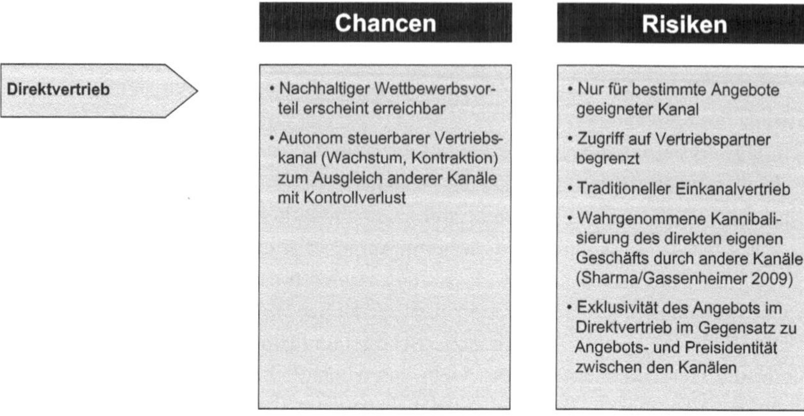

Abb. 3.2 Chancen und Risiken von Mehrkanalstrategien unter Einbindung des Direktvertriebs. (Quelle: Friege 2015)

anderen Kanälen tätiges Unternehmen nun zusätzlich einen Direktvertrieb aufbauen will (vgl. Abb. 3.2).

Einen Direktvertrieb als Element einer Multikanalstrategie aufzubauen ist grundsätzlich möglich, erfordert aber Fachkenntnis und -erfahrung, vor allem um Vertriebsmethode und -management optimal einsetzen zu können. Das führt allerdings auch dazu, dass dem Nachziehen von Mitbewerbern Grenzen gesetzt sind – eine Alleinstellung erscheint einfacher erreichbar zu sein. So hat es etwa für das klassische Vertretergeschäft von LichtBlick, Deutschlands führendem Grünstromanbieter, der ganz wesentlich auf den Direktvertrieb gesetzt hat, nur wenige der mehr als 1100 Energievertriebe in Deutschland gegeben, die zu Nachahmern wurden. Gleichzeitig haben praktisch alle Vertriebe eine Online-Präsenz.

Zudem ist ein Direktvertrieb einer der wenigen wirklich steuerbaren Kanäle. Es gibt keine Abhängigkeiten von einzelnen Kooperationspartnern, es handelt sich um einen „Push-Kanal", der aktiv den potenziellen Kunden anspricht, und nicht um einen „Pull-Kanal", für den der Kunde erst aktiviert werden muss (z. B. die eigene Website). Insofern ist der Direktvertrieb geeignet, im Rahmen einer Multikanalstrategie den Kontrollverlust, der mit anderen Kanälen einhergehen mag, zu kompensieren, wenn – wie oben dargestellt – das Produkt für den Direktvertrieb geeignet ist.

Vor allem aber besteht in der „Wahrgenommenen Kannibalisierung" (Sharma und Gassenheimer 2009, S. 1076) ein Risiko bei der Etablierung von Multikanalstrategien mit Direktvertrieb. Da die Vertriebspartner in ihrem Einkommen vollständig oder weitgehend vom eigenen Verkaufserfolg abhängen, empfinden sie es als Risiko, wenn infolge ihrer Beratung das Produkt in einem anderen Kanal und nicht bei ihnen gekauft werden kann. Diese Sorge wird verstärkt durch die traditionelle Kultur von Direktvertrieben als Einkanalvertriebe (Friege et al. 2013, S. 227) und den fehlenden disziplinarischen Durchgriff auf den selbstständigen Vertriebspartner und kann gefährdend für die Multikanalstrategie werden.

Schließlich bleibt zu berücksichtigen, dass das Exklusivitätsargument („Dieses Angebot mache ich Ihnen nur hier und heute") ein wichtiges Argument für den Abschluss im Direktvertrieb ist und dem Gebot der Angebots- und Preisidentität zwischen den Kanälen entgegensteht. Allerdings ist dies ein Risiko, dem man durch eine Variation des einheitlichen Angebots zu Gunsten des Kunden entgehen kann.

Zusammenfassend erscheint ein wettbewerbsfähiges Multikanalangebot unter Hinzunahme des Direktvertriebs nicht nur möglich, sondern im konkreten Fall vielfach auch geeignet, Wettbewerbsvorteile zu generieren.

3.2 Checkliste für die Eignung von Direktvertrieb in Mehrkanalstrategien

Welches sind nun die wesentlichen Überlegungen bei der Frage, ob ein Produkt für einen Mehrkanalvertrieb unter Einschluss des Direktvertriebs geeignet ist? Neben der grundsätzlichen Frage, ob das Produkt für den Direktvertrieb geeignet ist (vgl. Ziffer 1 in Tab. 3.1), sind diese Themen entscheidend:

Grundsätzlich müssen identische Angebote einschließlich der Preise in den verschiedenen Kanälen offeriert werden (vgl. Ziffer 2 in Tab. 3.1): „Werden bspw. denselben Kunden verschiedene Leistungen durch unterschiedliche Kanäle angeboten, so kann dies zu einer Überforderung der Kunden führen, indem sie nicht in

Tab. 3.1 Checkliste für den erfolgreichen Mehrkanalvertrieb. (Quelle: eigene Darstellung)

	Wann sind Direktvertrieb und weitere Distributionskanäle im konkreten Fall kombinierbar?	√
1.	Das Produkt ist geeignet für den Direktvertrieb	
2.	Angebots- und Preisidentität kann zwischen den Kanälen hergestellt werden	
3.	Gleichzeitig kann eine wahrgenommene „Exklusivität" für den Direktvertrieb erreicht werden	
4.	Die wahrgenommene Kannibalisierung des Direktvertriebs durch andere Kanäle kann geheilt werden	
5.	Durchgängige Kunden-Analytics können erhoben werden	
6.	Ein Mehrwert der verschiedenen Kanäle ist für Kunden, Unternehmen und Vertriebspartner erkennbar	

der Lage sind zu beurteilen, welches Angebot für sie den größeren Vorteil bietet." (Schögel et al. 2004, S. 8). Die Folge einer solchen Überforderung ist oft dann die aus Sicht des Unternehmens verlorene Vertriebschance, denn der überforderte Kunde entscheidet sich seltener für den Verkaufsabschluss.

Identische Angebote und Preise sind allerdings problematischer zu realisieren, als dies auf den ersten Blick der Fall zu sein scheint. Im Direktvertrieb ist eine geringere Preissensibilität gegeben, der Vertrieb verkauft meist „nicht über den Preis", und es entstehen dem Unternehmen durch die Vertriebsprovision höhere Kosten. Hier wäre also eine höhere Preisstellung sinnvoll und zu erwarten als Online, wo eine hohe Preistransparenz herrscht, die Kunden eher mit anderen Angeboten vergleichen und der Preiswettbewerb ausgeprägt ist (vgl. z. B. Friege 2010). Zudem sind für das Unternehmen Online die Vertriebskosten wahrscheinlich deutlich niedriger. Trotzdem ist es natürlich ausgeschlossen, Online einen niedrigeren Preis anzubieten als im Direktvertrieb, denn die Vertriebspartner (und sicherlich auch einzelne Kunden) würden das nicht akzeptieren, und der Direktvertrieb käme zum Erliegen. Also muss man a) die Entscheidung treffen, dass hier der Direktvertrieb der dominierende Kanal ist und folglich die Preisstellung möglicherweise online nicht wettbewerbsfähig ist oder b) ein anderes, möglicherweise sogar aus Kundensicht besseres Angebot exklusiv im Direktvertrieb anbieten, um dann eine für das Online-Geschäft geeignetere Preis-Produkt-Kombination ausschließlich dort anzubieten.

So könnte ein Stromvertrieb etwa einen relativ einfachen Tarif online bewerben. Der wird auch im Direktvertrieb angeboten. Daneben haben die Vertriebspartner auch die Möglichkeit, einen 24-Monatstarif mit einer Preisgarantie anzubieten, der 1,0 cent/kWh teurer ist (aber dafür die Preissicherheit bietet). Je nach Margen und Vertriebszielen kann nun das Unternehmen über eine Spreizung der Provisionen den einen oder den anderen Tarif im Direktvertrieb in den Vordergrund stellen.

Ein solches Vorgehen, das eine exklusive Leistung im Direktvertrieb ermöglicht, ist immer motivierend für die Vertriebspartner (vgl. Ziffer 3 in Tab. 3.1). Der ehrlich gemeinte Satz „Dieses Angebot gibt es bei uns nur im Direktvertrieb" hilft vielen Vertriebspartnern immens, ihr Angebot mit Selbstbewusstsein vorzutragen und dann den Abschluss zu schreiben. Auch ohne differenzierendes zweites Angebot kann etwa durch

- Zugaben („Bei uns im Direktvertrieb erhalten Sie ab einem Auftrag über € 20,-- einen Nagellack Ihrer Wahl gratis dazu."),
- exklusive Produkte („Manchmal bieten wir neue und innovative Produkte zunächst nur im Direktvertrieb an – erst wenn wir die Nachfrage unserer persönlichen Kunden gedeckt haben, kann man dieses Produkt vielleicht dann auch online kaufen."),

- Produktbündel („Wenn Sie auch noch x dazu nehmen, kann ich Ihnen einen nur bei mir erhältlichen Bündelpreis anbieten."),
- Tagespreis („Wenn Sie sich heute noch für den Kauf entscheiden, kann ich Ihnen einen Tagespreis von xx anbieten.") oder auch eine
- abweichende Packungsgröße („Im Direktvertrieb liefern wir immer die größere Packung Waschmittel (+10 %) aus, da haben Sie für nur € xxx ein viel besseres Preis-/Leistungsverhältnis.")

solche Exklusivität erreicht werden, dass der Verkauf im Direktvertrieb gut funktionieren kann. Umgekehrt kann man mit einzelnen Angeboten auch gezielt das Online-Geschäft (oder einen anderen Kanal) bewerben, vor allem, wenn die Angebote für den einzelnen Kunden zu sehen sind (z. B. durch E-Mail Marketing), aber nicht im Schaufenster eines Ladengeschäftes angepriesen werden oder auf der Website für jeden sichtbar stehen.

Kein selbstständiger Vertriebspartner (und auch kein angestellter Vertriebsmitarbeiter, dessen Einkommen in hohem Maße vom Vertriebserfolg abhängig ist) möchte seine Vertriebsanstrengungen in anderen Kanälen wirksam werden lassen, in denen der Umsatz ihm nicht zugerechnet wird (vgl. Ziffer 4 in Tab. 3.1). Es kommt daher immer wieder vor, dass Vertriebspartner mit Filzstift die Webadresse des Unternehmens im Katalog schwärzen, wenn dort die angebotenen Produkte auch gekauft werden können (oder den Katalog bzw. das Werbemittel erst gar nicht einsetzen). Einerseits ist es nachvollziehbar, dass die Vertriebspartner nicht die Überzeugungsarbeit leisten wollen, wenn danach die Provision nicht fließt, andererseits erfordert der Aufbau und der Unterhalt einer ansprechenden Webpräsenz auch erhebliche Mittel, die in irgendeiner Weise für das Unternehmen refinanziert werden müssen.

In der Praxis sind hier vielfältige Lösungsansätze zu beobachten: Arbeitet das Unternehmen mit festen Vertriebsgebieten, gibt es häufig die Lösung, dass auf alle Online-Umsätze (und ggf. auch auf die Umsätze in anderen Kanälen) Provisionen gezahlt werden. Dabei variiert die Höhe zwischen der normalen Provision, die bei jedem direkten Abschluss fällig wird, und einer geringeren, meist mit dem Argument, dass die Betriebskosten der Website gedeckt werden müssen und der Aufwand für den Vertriebspartner auch niedriger gewesen ist. Andere Direktvertriebe zahlen Provision nur bei solchen Online-Kundenumsätzen, bei denen der Kunde eindeutig dem Vertriebspartner zugerechnet werden kann, etwa dadurch, dass er vorher dort bereits direkt gekauft hat. Einige Unternehmen ermöglichen zusätzlich, dass Kunden von den Vertriebspartnern gemeldet werden können, wenn sie diese beraten haben, ohne einen Abschluss zu erzielen.

Sehr viele traditionelle Direktvertriebe bieten nur Online-Kataloge an, und verweisen den (Kauf-)Interessenten an einen Vertriebspartner (z. B. bietet Avon einen solchen Service an: Der Online-Kunde kann der ausgewählten Beraterin eine Online-Anfrage schicken, die diese dann bestätigen kann und dabei auch den Preis ggf. zuzüglich Versandkosten und eventuell auch nur gegen Vorkasse nennt). Von einem Mehrkanalvertrieb kann man allerdings nicht mehr sprechen – der Online-Kanal hat hier keine eigenständige Vertriebsfunktion, sondern lediglich eine Kommunikations- bzw. Werbefunktion. Entscheidend ist:

- Es gibt eine klare Regelung, die festlegt, unter welchen Umständen eine Provision auf Umsätze in anderen Kanälen für den Vertriebspartner gezahlt wird.
- Die Vertriebspartner vertrauen darauf, dass dies auch vollständig abgerechnet wird.
- Die ausgelobte Provision für Umsätze in anderen Kanälen wird von den Vertriebspartnern als fair und angemessen empfunden.

Will man über mehrere Kanäle vertreiben, ist eine durchgehende Kundendaten-Logik und -Erfassung unabdingbar (vgl. Ziffer 5 in Tab. 3.1). Nur so kann man den Umsatz der einzelnen Kunden optimieren, nur so kann man Provisionen kanalübergreifend berechnen, nur so kann man gezielt kanalspezifisch und -übergreifend Kunden aktivieren und nur so kann man die notwendigen Daten erheben, um die einzelnen Kanäle untereinander zu optimieren. Dies ist grundsätzlich eine Herausforderung im Multikanalvertrieb (Zhang et al. 2010), aber wird noch verstärkt dadurch, dass sich durch die Arbeit mit selbstständigen Vertriebspartnern viele Direktvertriebe besonders schwer tun, diese Kundendaten zuverlässig zu erheben und zu speichern. Das gilt umso mehr, wenn sich Unternehmen vom Direktvertrieb her für einen Mehrkanalvertrieb entscheiden, weil meist entsprechende Strukturen gar nicht vorhanden sind, und etwas weniger, wenn ein Online-Vertrieb oder ein stationärer Vertrieb zusätzlich den Direktvertrieb anstrebt.

Der Mehrwert für Kunden, parallel über mehrere Kanäle einkaufen zu können, ist kein Diskussionsgegenstand, sondern akzeptierte Erwartungshaltung in den Märkten (vgl. z. B. Schögel et al. 2004, S. 3 f. sowie Ziffer 6 in Tab. 3.1). Hier ist die Frage zu beantworten, ob speziell der Direktvertrieb im Rahmen einer Mehrkanalstrategie einen Mehrwert aus Sicht des Kunden liefern kann. Ist dieser Zusatznutzen etabliert, kann auch davon ausgegangen werden, dass ein Geschäftsmodell gefunden werden kann, das dann Unternehmen und Vertriebspartner zufrieden stellt.

Kunden profitieren im Direktvertrieb insbesondere von der individuellen Beratung. Sie werden auf Produkte aufmerksam gemacht, die möglicherweise einen konkreten Bedarf befriedigen, aber bislang nicht im „relevant set", also in der in Betracht gezogenen Auswahl an Kaufoptionen, aufgetaucht sind. Das kann für einen unterschwellig an Nachhaltigkeit interessierten Kunden die Beratung zu Ökostrom sein oder für Menschen mit Unverträglichkeiten die Darstellung der Hautfreundlichkeit eines Wäsche- oder Haushaltsreinigers. Es kann aber auch sein, dass die Vertriebssituation an sich eine erwünschte Gelegenheit zum gemeinsamen Einkauf mit Freunden und Bekannten ist, wie beispielsweise bei einer Tupper-Party oder dem gemeinsamen Betrachten von Modeschmuck. In jedem Falle gilt aber, dass die Öffnung für den Direktvertrieb stets eine aktive Entscheidung des Kunden erfordert. Insofern ist Direktvertrieb eine Option, die vielfach als positiv wahrgenommen wird. Kunden, die diesen Kanal nicht nutzen möchten, sollten idealer Weise durch einen anderen Vertriebskanal bedient werden. Und das ist letztlich wieder ein Grund, heute Waren im Multikanalvertrieb anzubieten.

4 Umsetzungsbeispiele für den Direktvertrieb in Mehrkanalstrategien

4.1 Vorwerk Staubsauger

Der Vorwerk Staubsauger „Kobold“ wird seit 1930 erfolgreich im Direktvertrieb verkauft. Insofern erübrigt sich die Analyse, ob das Produkt für diesen Vertriebsweg geeignet ist. Seit wenigen Jahren hat Vorwerk nunmehr den Einkanalvertrieb des Staubsaugers ausgeweitet, in Hamburg einen Flagship Store eröffnet, insgesamt 34 Einzelhandelsgeschäfte etabliert und den Online-Vertrieb hinzugenommen. Die neuen Vertriebskanäle Einzelhandel und Internet tragen bereits 25 % des Kobold-Umsatzes in Deutschland bei (Terpitz 2015). Auch temporäre Verkaufsstellen – etwa in ausgewählten Warenhäusern – sind getestet worden. Ist der Kobold-Vertrieb als Multikanalvertrieb wirklich geeignet (vgl. Tab. 4.1)?

Vorwerk ist 2011 nicht ganz ohne externen Druck in den Mehrkanalvertrieb eingestiegen: Immer weniger Frauen waren tagsüber zuhause anzutreffen, und auch die Zahl der Vertriebspartner war stark rückläufig (Marquart 2011): „Wegen der immer schlechteren Geschäfte sank die Zahl der einst 6000 Kobold-Vertriebler bis 2011 auf 2250.“ (Schumacher 2012)

Die auf der Unternehmenswebsite beworbenen Preise entsprechen denen, die im Markt auch für den Direktvertrieb kursieren. Insofern kann man von einer Preis- und Angebotsidentität online und im Direktvertrieb ausgehen. Im Übrigen deckt sich das auch mit den öffentlichen Äußerungen des Vorwerk-Managements (z. B. Marquart 2011). Ebenso ist aber auch davon auszugehen, dass es an der einen oder anderen Stelle Wege für die Vertriebspartner gibt, das Direktvertriebsgeschäft mit einem exklusiven Anreiz auszustatten – die Stellung als „wichtigste Säule des Geschäfts“ (Vorwerk 2014, S. 12) wird immer wieder herausgehoben.

Bei der Rekrutierung neuer Vertriebspartner verweist Vorwerk ausdrücklich auf Provisionszahlungen aus Nicht-Direktvertriebskanälen: „Wir (…) beteiligen Sie am Multikanal. Das bedeutet, Sie erhalten auch dann Provisionen, wenn Kunden in

C. Friege, *Der Direktvertrieb in Mehrkanalstrategien,* essentials,
DOI 10.1007/978-3-658-11559-3_4

Tab. 4.1 Vorwerk Kobold-Vertrieb als Mehrkanalvertrieb. (Quelle: eigene Darstellung)

	Ist der Kobold-Direktvertrieb mit weiteren Distributionskanälen (Online, stationärer Einzelhandel) kombinierbar?	
1.	Das Produkt ist geeignet für den Direktvertrieb	√
	→ *Innovativ, hochwertig und seit 1930 erfolgreich etabliert*	
2.	Angebots- und Preisidentität kann zwischen den Kanälen hergestellt werden	√
	→ *Auf der Website nachvollziehbar*	
3.	Gleichzeitig kann eine wahrgenommene „Exklusivität" für den Direktvertrieb erreicht werden	(√)
	→ *Kann unterstellt werden, ist aber öffentlich nicht transparent*	
4.	Die wahrgenommene Kannibalisierung des Direktvertriebs durch andere Kanäle kann geheilt werden	√
	→ *Vorwerk wirbt damit, dass Vertriebspartner an Multikanalumsätzen partizipieren*	
5.	Durchgängige Kunden-Analytics können erhoben werden	(√)
	→ *Systematisch möglich und durch die Vertriebsgebiete unterstützt*	
6.	Ein Mehrwert der verschiedenen Kanäle ist für Kunden, Unternehmen und Vertriebspartner erkennbar	√
	→ *Geschäftsbericht stellt deutliches Wachstum heraus*	

Ihrem Festgebiet telefonisch, per Post oder über das Internet bestellt haben" (Vorwerk 2015), und auch an den Shop-Umsätzen sind die Vertriebspartner beteiligt (Terpitz 2015). Dadurch hat es Vorwerk erreicht, den Direktvertrieb mit den neuen Kanälen zu versöhnen.

Einfach war das allerdings nicht: „Manche der Altvorderen irritiert auch die Vorgabe, nicht mehr einfach an der Haustür zu klingeln, sondern Vorführtermine per Telefon auszumachen. Telefonakquise mussten die Vertreter bisher nie beherrschen." (Schumacher 2012) Erst durch vielfaches Nachjustieren und umfangreiches Change-Management konnten verbesserte Ergebnisse erreicht werden. Diese Herausforderung, ein klassisches Einkanal-Vertriebsgeschäft in ein Mehrkanalsystem zu überführen, kann gar nicht hoch genug bewertet werden. Denn auch bei den sinkenden Vertriebspartnerzahlen – eben weil ein Unternehmen mit Selbstständigen arbeitet – kann gerade ein ohnehin schrumpfendes Vertriebsnetz sehr schnell in sich zusammenfallen. Sehr viel schneller auf jeden Fall als es dauert, neue Vertriebskanäle – auch bei so starken Marken wie Vorwerk und Kobold – aufzubauen.

Mit dem neuen Mehrkanal-Vertrieb wird Vorwerk auch die Herausforderungen der IT angegangen sein, einzelhandelstaugliche Systeme in den stationären Geschäften zu installieren, die dennoch die Kundendaten erfassen, und somit eine durchgängige Datenhaltung über alle Kanäle hinweg sicherzustellen.

Seit Vorwerk 2011 den Weg in das Multikanal-Geschäft gegangen ist, hat sich der Trend gedreht. „Der deutsche Kobold Vertrieb legt weiter kräftig zu (plus 12,2 %) und hat damit den klaren Aufwärtstrend aus dem Vorjahr bestätigt. Hier zeigt sich die positive Wirkung des Multikanal-Systems in Form von Shops und Online-Verkauf, in dem der Direktvertrieb weiterhin die wichtigste Säule des Geschäfts bleibt.“ (Vorwerk 2014, S. 12)

4.2 Ökostrom

Ein weiteres Beispiel für den erfolgreichen Mehrkanalvertrieb ist der Verkauf von Grünstrom-Verträgen. Weshalb interessieren sich Nachfrager für Ökostrom-Produkte? Aus Kundensicht kann die Antwort auf diese Frage auch wichtige Hinweise auf Besonderheiten für den Direktvertrieb geben. Ganz zentral ist der Wunsch vieler Kunden, neben einer ökonomischen Vorteilhaftigkeit auch einen Beitrag zur Energiewende, zur CO_2-Vermeidung und zu einem nachhaltigeren Lebensstil zu leisten (z. B. Friege und Voß 2015 oder der Überblick bei Herbes und Ramme 2014, S. 258 ff.). Daraus folgt, dass – anders als bei den meisten Direktvertriebsprodukten – neben den Produkteigenschaften und -vorteilen für den Kunden selbst auch die Erläuterung des ökologischen Nutzens eine Kauf entscheidende Rolle spielt: das Grünstrom-Produkt ist also doppelt erklärungsbedürftig und dadurch in besonderem Maße für den Direktvertrieb geeignet (Tab. 4.2).

Energievertriebe bieten meist unterschiedliche Tarife an. Dabei kann ohne weiteres ein eigener Tarif für den Direktvertrieb gestaltet werden. Gleichwohl ist darauf zu achten, dass durch Variation mehrerer Parameter eine unmittelbar offensichtliche Besser- oder Schlechterstellung eines Kanals vermieden wird. Erfahrungsgemäß ist das für die Kunden akzeptabel.

Besonders umfassend und erfolgreich hat der Ökostromanbieter LichtBlick den Direktvertrieb eingesetzt (LichtBlick 2009). Dabei gab es stets nur einen Tarif und immer die Möglichkeit, in anderen Kanälen den Vertrag abzuschließen (neben dem Direktvertrieb vor allem Online und bei stationären Vertriebspartnern). Der potenzielle Kanalkonflikt wird hier wie in vielen anderen Mehrkanalvertrieben durch die Möglichkeit entschärft, beratene Kunden, die einen Abschluss bei dem werbenden Vertriebspartner nicht tätigen, an das Kundenmanagement zu melden, sodass bei einem späteren Abschluss gleichwohl die Provision an den Vertriebspartner fließen kann. Schließlich sind die für die Energieversorgung notwendigen Kundendaten

Tab. 4.2 Ökostromvertrieb als Mehrkanalvertrieb. (Quelle: eigene Darstellung)

	Sind für Ökostrom Direktvertrieb und weitere Distributionskanäle kombinierbar?	
1.	Das Produkt ist geeignet für den Direktvertrieb	√
	→ *Ökostrom ist doppelt erklärungsbedürftig – und allein deswegen schon geeignet für den Direktvertrieb*	
2.	Angebots- und Preisidentität kann zwischen den Kanälen hergestellt werden	(√)
	→ *Erfahrungsgemäß ist es für viele Kunden akzeptabel, dass bestimmte Tarife nur in bestimmten Kanälen abgeschlossen werden können (z. B. reine Online-Tarife)*	
3.	Gleichzeitig kann eine wahrgenommene „Exklusivität" für den Direktvertrieb erreicht werden	√
	→ *Es können zum Beispiel relativ einfach exklusive Tarife für den Direktvertrieb implementiert werden, die nur in diesem Vertriebskanal abgeschlossen werden können*	
4.	Die wahrgenommene Kannibalisierung des Direktvertriebs durch andere Kanäle kann geheilt werden	√
	→ *Beratene Interessenten können für eine bestimmte Zeit auch dann Provision an den Vertriebspartner verursachen, wenn der Vertrag in einem anderen Kanal abgeschlossen wird*	
5.	Durchgängige Kunden-Analytics können erhoben werden	√
	→ *Durch das eingegangene Dauerschuldverhältnis ist eine einheitliche Datenhaltung beim Unternehmen ohnehin erforderlich*	
6.	Ein Mehrwert der verschiedenen Kanäle ist für Kunden, Unternehmen und Vertriebspartner erkennbar	√
	→ *Der Mehrwert besteht beim Kunden in erster Linie dadurch, dass er auf Auswahl-Optionen für ein Low-Involvement-Produkt aufmerksam gemacht wird – für das Unternehmen werden neue Kundengruppen erschlossen*	

hinreichend, um über alle Vertriebskanäle eine einheitliche Kundendatenhaltung zu sichern.

Entscheidend für den Erfolg von Direktvertrieb in Mehrkanal-Vertriebssystemen ist die persönliche Beratung. Strom ist ein Low-Involvement-Produkt, die meisten Privatkunden haben keine Kenntnis von der Funktionsweise des Energiemarktes und beschäftigen sich nicht mit den Wahlmöglichkeiten der Verbraucher (z. B. Friege und Herbes 2015). Hier bietet der Direktvertrieb einen Zugang zu potenziellen Kunden, die nicht auf andere Werbemaßnahmen reagiert haben und die sich mit den Gründen für eine Versorgung mit Ökostrom nicht auseinandergesetzt haben. Für den Energieversorger lassen sich so neue Kundengruppen erschließen.

4.3 Photovoltaik-Anlagen

In den USA sind seit einigen Jahren Unternehmen außerordentlich erfolgreich, die Photovoltaik-Anlagen (PV-Anlagen) im Pachtmodell vertreiben. Marktführer ist hier die von Multi-Unternehmer Elon Musk als Chairman geführte Firma SolarCity, die verspricht, ohne Anfangsinvestition des Hauseigentümers eine PV-Aufdachanlage zu installieren, die im Pachtmodell dann zur Stromerzeugung für den Haushalt sowie zur Einspeisung in das öffentliche Netz genutzt wird.[1] Die Refinanzierung aus Sicht von SolarCity erfolgt durch die langfristige Abnahme des erzeugten Stroms durch den Hausbesitzer. Dieser Strom ist deutlich günstiger als der Strom aus dem Netz – und überlässt SolarCity eine Marge nach Abschreibungen und Zinsen. Das Unternehmen wächst derzeit um ca. 100 % p. a. und geht davon aus, Ende 2015 insgesamt 1000 MWp (Megawatt Peak – also maximale elektrische Leistung) installiert zu haben (SolarCity 2014b).[2]

Der grundlegende Geschäftsprozess ist in Abb. 4.1 dargestellt. Es ist auffällig, dass der Prozess konsequent entlang der Kundenwünsche nach a) einfacher Lösung, b) unaufwändiger Kreditentscheidung (Pachtmodell!) und c) simpler Installation konzipiert ist und dennoch für SolarCity ganz offensichtlich erhebliche Economies of Scale beinhaltet.

Der Vertrieb ist als Multikanal-Vertrieb aufgestellt (SolarCity 2014b):

- Direktmarketing (Telemarketing, E-Mail Marketing, Online-Marketing, Direct Mail)
- Radiowerbung, auch TV-Werbung (mit „direct response"-Element)
- Direktvertrieb (Haustürgeschäft)[3]
- Freundschaftswerbung (Kunden werben Kunden)
- Kooperationspartner (Bauindustrie, Baumärkte etc.)

Selbst wenn dieses Produktangebot auch in den USA von den jeweiligen Fördergesetzen abhängig ist, erscheint das Geschäfts- und Vertriebsmodell als Anregung für ein vergleichbares Modell in Deutschland geeignet. In der Tat hat eine Reihe von Stadtwerken, meist in Kooperation mit Dienstleistern, begonnen, dieses Modell zu

[1] Die eingespeiste Menge kann kostenfrei wieder aus dem Netz entnommen werden, sodass ein „virtueller Speicher aus Sicht des Kunden" entsteht.

[2] Zum Vergleich: In Deutschland sind im 1. Halbjahr 2014 insgesamt ca. 1000 MWp installiert worden (BNetzA 2014).

[3] Wesoff (2014) stellt heraus, dass neben SolarCity auch die Nummern 2 und 3 im Markt, sunrun und Vivint über eigene Direktvertriebsorganisationen verfügen; zu Vivint Solar s.a. Friege/Dharshing (2015).

Geschäftsmodell SolarCity

We make solar easy

Wir kümmern uns um Ihr gesamtes PV-Projekt – von Anfang bis Ende in wenigen, einfachen Schritten.

Step 1: Free solar consultation

Jedes PV-Projekt fängt mit einem kurzen Gespräch an, um herauszufinden, ob PV richtig für Sie ist. Wir besprechen Ihren Energieverbrauch und schauen auf Ihr Dach mithilfe von Satellitenfotos. Wenn alles gut aussieht, unterbreiten wir Ihnen ein kostenloses, individuelles Angebot. Es enthält alle Ihre Wahlmöglichkeiten und errechnet Ihre Energiekosteneinsparungen für die nächsten 20 Jahre.

Step 2: Sign your agreement

Mit Ihrem Vertrag sichern Sie sich Ihre Energiekosteneinsparungen für die nächsten 20 Jahre. Dies und die anderen wichtigsten Einzelheiten stehen gleich auf Seite 1 des Vertrages. Es gibt keine versteckten Kosten, aber Sie werden viele Garantien finden, die Sie und Ihr Haus schützen.

Step 3: Solar panel system design

Einer unserer Techniker wird Sie wenige Tage nach Vertragsunterschrift besuchen, um sich Ihr Dach genauer anzusehen und es auszumessen. Sobald wir die Maße haben, entwerfen unsere PV-Ingenieure ein Solarkraftwerk, das zu Ihrem Haus und zu ihrem Energiebedarf passt.

Step 4: 1-day installation

Die meisten Installationen dauern nur einen Tag. Wir vereinbaren mit Ihnen einen Tag, der für Sie optimal passt. Und wir kümmern uns um alle Genehmigungen und Abnahmen. Das Einzige, was Sie tun müssen, ist zuzusehen, wie alles entsteht.

Step 5: Turn on the power!

Nun kommt das Beste: Sobald der Netzbetreiber die Anlage abgenommen hat, können Sie den Schalter selbst umlegen und fangen an, Ihre eigene, saubere und günstigere Energie zu erzeugen.

Abb. 4.1 Geschäftsprozess von SolarCity. (Quelle: SolarCity (2014a); eigene Darstellung und Übersetzung)

verfolgen (Rutschmann 2014). Von einem dedizierten Direktvertrieb im Kanalmix ist bei diesen Anbietern allerdings noch nichts bekannt geworden.

Sind PV-Anlagen für den Direktvertrieb geeignet?

- Während der ökologische Nutzen einer PV-Anlage wenig erklärungsbedürftig ist, werden in erster Linie das Pachtmodell mit seinen finanziellen Auswirkungen und die technischen Anforderungen erläuterungsbedürftig – und damit geeignet für einen Direktvertrieb – sein.

- Neben den Verkaufshilfen werden Testimonials zufriedener Kunden eine wichtige Rolle für den Ersatz des Vorführens spielen, möglicherweise im Einzelfall sogar der Besuch einer bereits laufenden Anlage, vielleicht sogar in der unmittelbaren Nachbarschaft des potenziellen Kunden. Die Minimierung des Risikos, dass bei Verkaufsabschluss die PV-Anlage nicht „ausprobiert" werden kann, erfolgt einerseits über die Tatsache, dass die PV-Anlage, quasi als Pfand, auf dem eigenen Dach montiert ist und im Vertrag wichtige Garantien und Zusicherungen enthalten sein werden.
- Die Preisgestaltung wird sicherlich ein angemessenes Provisionsmodell ermöglichen und damit auch eine Win-win-win Konstellation.
- Eine Emotionalisierung des Produktes wird durch die Verbindung des ökologischen Nutzens mit dem potenziellen Käufer („Welche Erde wollen Sie der nächsten Generation hinterlassen?"), durch Erzählen von Geschichten (wahr) und (als solche erkennbare) Märchen (zu schön, um wahr zu sein) etc. erfolgen; hier kommt allerdings ein langfristiger, finanzieller Vorteil für den Kunden hinzu, der die Entscheidung für das Produkt ebenfalls erleichtern kann.
- Dass der Direktvertrieb als klassischer Vertreterverkauf organisiert werden kann, zeigt sich in den USA. Ob allerdings die Dichte der Zielhaushalte einen Direktvertrieb außerhalb bestimmter Ziel- und Ballungsregionen erlaubt, muss getestet werden.

Es bleibt abzuwarten, wann die bereits heute im Vertrieb von Solar-Pachtanlagen tätigen Stadtwerke in Deutschland eine umfassendere, den Direktvertrieb einschließende Multikanal-Vertriebsstrategie anwenden werden (Tab. 4.3).

Während die Erklärungsbedürftigkeit, die zu unterstellende Win-win-win-Situation und die Emotionalisierbarkeit der PV-Anlage für einen Einsatz von Direktvertrieb sprechen, müssen für die Vorführung und die Frage, ob die Dichte der anzusprechenden Kunden den Einsatz von Vertriebspartnern ermöglichen, in einer Detailanalyse Antworten gefunden werden. Insgesamt spricht aber sehr viel dafür, den Vertrieb von PV-Anlagen im Pachtmodell auch mit einem Direktvertrieb anzugehen.

Da jede Immobilie individuell anders gelegen und gebaut ist, sind individuelle Preise nachvollziehbar, und diese tragen dazu bei, Kanalkonflikte zu entschärfen. Zudem wird der Vertrieb mehr als in den übrigen hier betrachteten Mehrkanalsystemen einzelne Vertriebsschritte in unterschiedlichen Kanälen ermöglichen. So können natürlich Leads durch die Vertriebspartner erarbeitet werden, durch Kaltakquise, durch Empfehlungen, bei Informationsveranstaltungen etc. Der Vertriebspartner kann aber auch Adressen bearbeiten, die in einem anderen Kanal generiert

Tab. 4.3 Vertrieb von PV-Anlagen als Mehrkanalvertrieb. (Quelle: eigene Darstellung)

	Können PV-Anlagen im Direktvertrieb und in weiteren Distributionskanälen erfolgreich vertrieben werden?	
1.	Das Produkt ist geeignet für den Direktvertrieb	√
	→ *Erklärungsbedürftigkeit (doppelt), Win-win-win-Geschäftsmodell und die Emotionalisierbarkeit sprechen dafür*	
2.	Angebots- und Preisidentität kann zwischen den Kanälen hergestellt werden	√
	→ *Die geringe Preistransparenz (individuelle Gegebenheiten jeder Immobilie) fördern den Mehrkanalvertrieb*	
3.	Gleichzeitig kann eine wahrgenommene „Exklusivität" für den Direktvertrieb erreicht werden	√
	→ *Wegen der geringen Preistransparenz ergeben sich kanalspezifische Spielräume*	
4.	Die wahrgenommene Kannibalisierung des Direktvertriebs durch andere Kanäle kann geheilt werden	√
	→ *Das komplexere Vertriebsmodell erfordert ohnehin Provisionsteilungen und kann damit auch die wahrgenommene Kannibalisierung eingrenzen*	
5.	Durchgängige Kunden-Analytics können erhoben werden	√
	→ *Auch hier erzwingt das Dauerschuldverhältnis eine durchgängige Datenhaltung*	
6.	Ein Mehrwert der verschiedenen Kanäle ist für Kunden, Unternehmen und Vertriebspartner erkennbar	√
	→ *Der Markterfolg von SolarCity sollte – trotz der unterschiedlichen Rahmenbedingungen – Inspiration für Nachahmer sein*	

worden sind. Bezogen auf Abb. 4.1 können im Direktvertrieb die Schritte 1 bis 3 bearbeitet werden oder nur ein Ausschnitt davon, etwa ein einzelner Schritt. Die Provision wird sicherlich davon abhängen, welches Zwischenergebnis man als „Input" erhalten hat und welches Ergebnis man als „Output" an den nächsten in der Kette weiterreicht. Damit kannibalisiert aber keiner der unterschiedlichen Kanäle das Geschäft des Direktvertriebs.

Durchgängige Analytics ist einmal mehr kein Problem: Die langfristige Geschäftsbeziehung erfordert in ihrer Abwicklung derart unterschiedliche Daten, dass eine einheitliche Datenhaltung schon alleine deswegen zwingend erforderlich ist.

Der Markterfolg von SolarCity, das Potenzial im Markt in Deutschland und Europa, die Kostensituation für Photovoltaik-Anlagen, die die Eigenerzeugung von Solarstrom unmittelbar attraktiv für Hauseigentümer macht – all dies sind Gründe, diesen innovativen Mehrkanalvertrieb im Detail zu rechnen.

5 Zusammenfassung und Ausblick

Der Direktvertrieb erweist sich in dieser kurzen Darstellung als moderner und leistungsfähiger Vertriebskanal. Vor allem aber zeigt sich, dass die Einbindung von Direktvertrieb in Mehrkanalsysteme zusätzliche Kundengruppen erschließen und zur Modernisierung traditioneller Direktvertriebe beitragen kann, zumal eine zeitgemäße Online-Präsenz heute unabdingbar geworden ist.

Da allerdings wird die Herausforderung für eine Einbindung von Direktvertrieben in Multikanalstrategien offensichtlich: Einerseits scheuen sich viele traditionelle Einkanalvertriebe des Direktvertriebs, das Internet wirklich zu integrieren, weil die Sorge vor der Reaktion der Vertriebspartner paralysierend wirkt und so die Offenheit für Ansätze, Kanalkonflikte zu verhindern, eingeschränkt wird. Diesen Unternehmen kann man den Weg in ein modernes Mehrkanalsystem nur mit detaillierter Analyse der Geschäftssituation, einem hohen Maß an kreativen Lösungsideen und vor allem professionellem Change-Management für die gesamte Organisation ebnen. Andererseits fangen immer mehr, teilweise sehr junge Unternehmen mit einem webbasierten Geschäft an und erkennen recht bald, welche Vorteile der Direktvertrieb in manchen Konstellationen bietet. Hier geht es vor allem darum, das Direktvertriebsgeschäft zu erklären, die Eignung von Produkten und Geschäftsmodellen für einen Mehrkanalvertrieb zu untersuchen und den neuen Direktvertrieben mit Erfahrung im Management einer Vertriebspartner-Organisation beizustehen.

Mit Augenmaß implementiert bieten Mehrkanalvertriebe, die den Direktvertrieb einbinden, auch weiterhin erhebliche Umsatzchancen.

C. Friege, *Der Direktvertrieb in Mehrkanalstrategien,* essentials,
DOI 10.1007/978-3-658-11559-3_5

Literatur

BDD. (2012). Multi-Channel-Strategien – Direktvertrieb gewinnt weiter an Bedeutung. http://www.direktvertrieb.de/News-detail.241.0.html?&tx_ttnews%5Btt_news%5D=581&cHash=7225e4e6060c7c568e068860edaf4f49. Zugegriffen: 30. Aug. 2014.

BDD. (2014a). Neue Verbraucherrechte stärken Vertrauen in den Direktvertrieb. http://www.direktvertrieb.de/News-detail.241.0.html?&tx_ttnews[tt_news]=784&cHash=04ee0227bbc358716562a8a5762049ef. Zugegriffen: 11. Mai 2015.

BDD. (2014b). Deutsche Direktvertriebsbranche wächst kontinuierlich. http://www.direktvertrieb.de/News-detail.241.0.html?&tx_ttnews%5Btt_news%5D=790&cHash=b09b76dd012a672d762c34d7ba551c67. Zugegriffen: 14. Mai 2015.

BDD. (2015). BDD veröffentlicht Umsatzzahlen seiner Mitgliedsunternehmen. http://www.direktvertrieb.de/News-detail.241.0.html?&tx_ttnews[tt_news]=878&cHash=5153ab7bea17ae7daab030e77e59b32d. Zugegriffen: 14. Mai 2015.

BNetzA. (2014). Monatliche Veröffentlichung der PV-Meldezahlen. http://www.bundesnetzagentur.de/cln_1421/DE/Sachgebiete/ElektrizitaetundGas/Unternehmen_Institutionen/ErneuerbareEnergien/Photovoltaik/DatenMeldgn_EEG-VergSaetze/DatenMeldgn_EEG-VergSaetze_node.html#doc405794bodyText3. Zugegriffen: 1. Sept. 2014.

CdA (Club des Affaires). (2014). Vortrag von Herrn Reiner Strecker, persönlich haftender Gesellschafter von Vorwerk & Co. KG: „Hat der konventionelle Direktvertrieb eine Zukunft in Zeiten von eCommerce?", am 17. September 2014. http://club-des-affaires-nrw.org/de/vortrag-von-herrn-reiner-strecker-personlich-haftender-gesellschafter-von-vorwerk-co-kg-hat-der-konventionelle-direktvertrieb-eine-zukunft-in-zeiten-von-ecommerce-am-17-septe-1399. Zugegriffen: 11. Mai 2015.

Engelhardt, W. H., & Jaeger, A. (1998). *Der Direktvertrieb von konsumtiven Leistungen – Forschungsprojekt im Auftrag des Arbeitskreises „Gut beraten – zuhause gekauft".* Bochum.

Friege, C. (2010). Kundenmanagement und Nachhaltigkeit – erfolgreiche Positionierung im Internetzeitalter. *Marketing Review St. Gallen, 27*(4), 42–46.

Friege, C. (2015). Direktvertrieb für Erneuerbare Energieprodukte. In C. Herbes & C. Friege (Hrsg.), *Vermarktung Erneuerbarer Energien* (S. 113–130). Wiesbaden: Springer.

Friege, C., & Dharshing, S. (2015). Case Study Vivint Solar: Expanding into a European Market Governed by Different Regulation. *Case Reference No. 315-211-1.* University of St. Gallen.

C. Friege, *Der Direktvertrieb in Mehrkanalstrategien,* essentials,
DOI 10.1007/978-3-658-11559-3

Friege, C., & Herbes, C. (2015). Konzeptionelle Überlegungen zur Vermarktung Erneuerbarer Energien. In C. Herbes & C. Friege (Hrsg.), *Vermarktung Erneuerbarer Energien* (S. 3–28). Wiesbaden: Springer.

Friege, C., & Voß, H. (2015). Motive von Privatinvestoren bei EE-Projekten. In C. Herbes & C. Friege (Hrsg.), *Handbuch Finanzierung von Erneuerbare-Energie-Projekten* (S. 89–105). Konstanz: uvk.

Friege, C., Kraus, F., & Sahin, E. (2013). Direktvertrieb. *Wirtschaftswissenschaftliches Studium (WiSt), 42*(5), 224–230.

Herbes, C., & Ramme, I. (2014). Online marketing of green electricity in Germany – A content analysis of providers' websites. *Energy Policy, 66*(March 2014), 257–266.

LichtBlick. (2009). LichtBlick-Direktvertrieb weiter auf Wachstumskurs. Medien-Mitteilung vom 18. März 2009. http://www.lichtblick.de/medien/news/?detail=140&type=press. Zugegriffen: 29. Aug. 2014.

Marquart, M. (2011). Umbruch bei Vorwerk. Spiegel Online vom 5.12.2011. http://www.spiegel.de/wirtschaft/unternehmen/umbruch-bei-vorwerk-der-kobold-laesst-die-kunden-antanzen-a-801380.html. Zugegriffen: 17. Mai 2015.

Neslin, S. A., & Shankar, V. (2009). Key issues in multichannel customer management: Current knowledge and future directions. *Journal of Interactive Marketing, 23*, 70–81.

Peterson, R. A., & Wotruba, T. R. (1996). What is direct selling? – Definition, perspectives and research agenda. *Journal of Personal Selling & Sales Management, 16*(4), 1–16.

Rutschmann, I. (2014). Pachten statt bauen. http://www.photovoltaikforum.com/magazin/wirtschaft/pachten-statt-bauen-1914/. Zugegriffen: 30. Aug. 2014.

Schögel, M. (2012). *Distributionsmanagement*. München: Vahlen.

Schögel, M., & Binder, J. (2011). Profitables channel management. In C. Belz (Hrsg.), *Innovationen im Kundendialog* (S. 177–195). Wiesbaden: Gabler.

Schögel, M., Sauer, A., & Schmidt, I. (2004). Multichannel-Management – Vielfalt in der Distribution. In O. Merx & C. Bachem (Hrsg.), *Multichannel-Marketing-Handbuch* (S. 1–27). Berlin: Springer.

Schögel, M., et al. (2011). Multi-Channel Management im CRM. In H. Hippner, et al. (Hrsg.), *Grundlagen des CRM* (S. 559–597). Wiesbaden: Gabler.

Schumacher, H. (2012). Vorwerk will wieder in deutsche Wohnzimmer. Wirtschaftswoche Online vom 25.09.2012. http://www.wiwo.de/unternehmen/handel/angestaubtes-image-vorwerk-will-wieder-in-deutsche-wohnzimmer/7162350-all.html. Zugegriffen: 18. Mai 2015.

Sharma, D., & Gassenheimer, J. B. (2009). Internet channel and perceived cannibalization. *European Journal of Marketing, 43*(7/8), 1076–1091.

SolarCity. (2014a). How SolarCity works. http://www.solarcity.com/residential/how-solarcity-works. Zugegriffen: 1. Sept. 2014.

SolarCity. (2014b). Delivering better energy. Investor presentation. http://files.shareholder.com/downloads/AMDA-14LQRE/3438939577x0x664578/add6218d-90ec-4089-9094-4259533d473e/SCTY_Investor_Presentation.pdf. Zugegriffen: 1. Sept. 2014.

Terpitz, K. (2015). Thermomix überholt den Kobold. Handelsblatt Online vom 21.05.2015. http://www.handelsblatt.com/unternehmen/mittelstand/vorwerk-freut-sich-thermomix-ueberholt-den-kobold/11809408.html. Zugegriffen: 26. Mai 2015.

Universität Mannheim. (2014). Situation der Direktvertriebsbranche in Deutschland 2013 – Studie im Auftrag des Bundesverband Direktvertrieb Deutschland e. V.; Zusammenfassung der Ergebnisse. http://www.direktvertrieb.de/index.php?eID=tx_nawsecuredl&u=0&file=fileadmin/user_upload/MAIN-dateien/Kurzfassung_BDD_Marktstudie_2014.pdf&t=1409582296&hash=b69c53804abdb6c0a7f5bc9ac109a26806e746e4. Zugegriffen: 31. Sept. 2014.

Vorwerk. (2014). Vorwerk Geschäftsbericht 2013. http://newsroom.vorwerk.de/assets/Uploads/Vorwerk-Geschaeftsbericht-2013-de.indd.pdf. Zugegriffen: 17. Mai 2015.

Vorwerk. (2015). Vorteile im neuen Geschäftsmodell. http://career.vorwerk.de/de/die-taetigkeit/uebersicht/. Zugegriffen: 17. Mai 2015.

Wesoff, E. (2014). CEO Lynn Jurich on the Future of Sunrun and Residential Solar. Am 27.08.2014 auf greentecsolar veröffentlicht. http://www.greentechmedia.com/articles/read/CEO-Lynn-Jurich-on-the-Future-of-Sunrun-and-Residential-Solar. Zugegriffen: 15. Sept. 2014.

Zhang, J., et al. (2010). Crafting integrated multichannel retailing strategies. *Journal of Interactive Marketing, 24*, 168–180.